すごいモテ方！

悪用厳禁！

女のホンネまるわかりの心理法則

心理学者
立正大学客員教授
内藤誼人
Yoshihito Naito

廣済堂出版

はじめに

女性との付き合いを苦手にしている男性は多い。女の子が何を考えているのか、さっぱりわからないというのである。

俗に「女心と秋の空」といわれる。

「女の子の心は読みにくい」「女の子の心は理解不能」だという意味であるが、それは、男性であるみなさんが、自分自身の感情に基づいて女性を理解しようとするからさっぱりわからないのである。

女性は、男性とは根本的に違う。

だから、男性である自分の判断や感情に基づいて女性を理解しようとしていたら、女心などいつまでたってもわかるわけがないのだ。もちろん、女性との付き合いもうまくできないであろう。

女性は、男性とは違う。

女性と、上手にお付き合いしたいのであれば、そういう当たり前のことをまずしっかりと認識しておく必要がある。

たとえば、男性は女性がニッコリと微笑んでくれると、それだけで「あの子は僕のことが好きなんじゃないか」などと思ってしまうことが少なくない。けれども、女性は、不愉快なときでも、相手との関係を壊したくなくて微笑むことがよくある。**女性が微笑んでいるからといって、それは「喜んでいる」ことにはならないのだ。**男性にとっては理解しにくいかもしれないが、女性は、どんなに不愉快なときでも、嫌いな男性が目の前にいても、微笑むことができるのである。


本書は、特に、男性と大きく違う女性心理に焦点を当て、どうすれば女性の心が読めるのかを指南するものである。

「女性との付き合いが苦手だ」と悩んでいる男性読者のみなさん。

本書をお読みいただければ、女性の心理メカニズムをきちんと理解することができ、女性との付き合いで悩むことはなくなるであろう。

みなさんが、女性を相手にこれまでうまく付き合えなかったのは、「女性心理への理解不足」が単純な原因である。本書でしっかりと女性心理が何たるかを学んでいただければ、女性との付き合いなど、恐れるに足らなくなる。

子どもとうまく付き合いたいのなら、児童心理学についての理解が絶対に必要だが、同じように、女性とうまく付き合いたいのなら、「女性心理学」についての理解を高めればよいのである。

どうか最後までよろしくお付き合いいただきたい。

すごい！モテ方

目次

第1章 女性のセリフやしぐさからホンネを見抜く裏テクニック

第2章 悪用厳禁！ 好きな彼女の心を確実に射止める方法

第3章　あなたの隣の女の子の気持ちを読む禁断の心理ワザ

第4章 職場の女性たちと仲良く付き合うための基本ルール

第5章　だれも教えてくれなかった女性に好かれるための「ワルの知恵」

第1章

女性のセリフやしぐさから
ホンネを見抜く
裏テクニック

ジャンケンですぐにわかる、女性の心理

私は、心理学者なので、女性とジャンケンをすれば彼女がどんなタイプなのかをすぐに見抜くことができる。

「ちょっとジャンケンしてみましょう」と提案するのは、そんなにおかしなことでもないから、女性も気軽に応じてくれる。そして、**ジャンケンをすれば、彼女がどんな人間なのかがわかる**のである。私は、初対面の女性には、よくジャンケンをしてもらって、簡単な心理テストをしてあげることが多い。

まず、ジャンケンでパーを出す女性。

こういう女性は、私自身について好意を持ってくれている可能性が高い。「心を開いてくれている」から、「手のひらも開く」のである。

逆に、私に対して心を閉ざしている女性は、たいていグーを出す。こういう女性

は、私が心理学者であることを警戒しているので、手をギュッと握りしめているのである。

櫻井秀勲さんの『たった3秒で女性を口説く技術』（中経の文庫）には、気のある女性ほど、ジャンケンでパーを出す確率が高いと書かれている。

深層心理学的には、手のひらの開き具合は、心の開き具合ともリンクしているのであって、**手を開いている人は心も開いており、手のひらを閉じている人は、心も閉じている**のである。

ここがポイント

もともと性格が開けっぴろげで、オープンで、隠しごとをしないタイプの女性も、やはりジャンケンではパーを出しやすい。

逆に、閉鎖的で、人と親しむのが苦手で、秘密主義のようなタイプは、手のひらをギュッと握るグーの手を出しやすいであろう。

小さな子どもは、親に隠しごとをしたりウソをつくときには、手をギュッと握ったままでしゃべる。手を握り締めるのは、隠しごとをしている人がよくするしぐさでもある。

残念ながら、チョキを出す女性の心理についてはわからない。

個人的には、チョキを出すのが一番難しく、あらかじめチョキを出そうという気持ちになっていないと、なかなかチョキは出せない。指の形も、グーやパーに比べれば複雑であるし、その意味では、策略家、戦略家のようなタイプが多いような気もする。

女性とジャンケンをしてみれば、だいたいそんな感じのことがわかってしまうのである。

蛇足ながら、ビジネスシーンでの交渉がうまくいくかどうかも、相手の手のひらを見れば、心理学者ならだいたい予想できる。

うまく交渉が進んでいる場合には、双方ともに手のひらをゆるやかに開いている。ところが、難しい条件を抱えて交渉が難航しているときには、双方ともに手をギュッと握りしめて、握り拳を作っていることが多いのだ。

男性に話しかけるときの「声の高さ」に注目せよ！

ここがポイント

あなたの意中の女性が、職場の男性のだれに好意を抱いているのかが知りたくなったとしよう。こんなときには、彼女が男性に話しかけるときの「声の高さ」に注目してみるといい。

女性は、魅力的だと思っている男性と話すときは、自然と声が高くなる。

したがって、それぞれの男性に話しかけるときの声の高さを比較すれば、彼女がだれを一番好きで、だれを一番嫌っているのかが、簡単にわかってしまうのだ。

『ジャーナル・オブ・エボリューショナリー・サイコロジー』という専門雑誌に発表された論文によると、女性は、好きな男性に話しかけるときには、声のトーンを調整するのだそうである。

女性は、自分が気に入られたいと思っている男性に話しかけるときには、「好かれる声」を意識して出すのだ。明るく、華やかで、女性らしい声。それが「高い声」なのである。

合コンに参加した女性が、男性陣のだれを気に入っているのかも、声の高さに注目すれば簡単にわかる。

たとえば、目の前に3人の男性がいるとして、残りの2人に比べ、ある男性と話すときにだけ、明らかに高い声を出しているのだとしたら、彼女が好意を抱いているのは、その男性であると一発で見抜けるのである。

どうでもいいと思っている男性としゃべるときには、女性の声も男性に負けないくらい低い。

言葉で説明するのは難しいのだが、たとえば相づちひとつとっても、「へぇ〜、そうなんだ……」という低く沈んだ感じである。

ところが、気に入っている男性に話しかけるときには、声の高さがまったく違う。「うわあ〜、そうなの♪」という弾むような声である。

ただし、八方美人なタイプで、だれにでも好かれたいと思っている女性は、だれに対しても高い声を出すであろう。

同性とおしゃべりしているときには普通の声で話していても、男性と話すときには高い声を出す女性がいるが、そういう女性は、たぶん八方美人なのだと思っているいであろう（そして、たいていそういう女の子は、同性からは嫌われやすい）。

声の話をするついでに言うと、女性に話しかけるときには、なるべく低い声を出すようにしよう。

女性は、落ち着いた、低い声が大好きだからだ。

オランダにあるライデン大学のサラ・コリンズが、34名の女性にいろいろな男性の声を聞かせて魅力を評価させたところ、低い声の男性ほど評価が高かったという。

声が高い男性は、女性と話すときには、なるべく声を低く抑えるように意識して、「モテ声」で話せるように努力しよう。

ネックレスを触り始めたら、その女性は「イライラしている」

女性と食事をしているとき、ネックレスをもてあそび始めたら、十中八九、彼女はイライラしているか、もう帰りたいのである。こんなときには、ムリにそれ以上引っ張ろうとするのではなく、さっさとお開きにしてあげるような男性ほど好かれる。

FBI捜査官のジョー・ナヴァロは、女性がネックレスをもてあそぶのは、不愉快な気分を感じているときだと指摘している（『FBI捜査官が教える「しぐさ」の心理学』、河出書房新社）。

気配りのできる男性なら、もし女性の「もてあそび」しぐさを見かけたら、話題を変えるとか、帰らせてあげるとか、すぐに手を打つであろう。

私たちは、ヒマなときには、何かを「もてあそぶ」という行動をとる。手に持ったペンをクルクルと回し始めたり、スマホをいじったり、髪の毛の枝毛を探そうとしたりするのは、退屈をもてあましているのである。

男性なら、もう帰りたいと思えば、わりと率直に、「そろそろ帰りたい」という意思表示ができる。

だが、女性は、そういうことを言わずに、じっと我慢するのである。

「帰りたい」というホンネを口に出してしまうと、相手が傷つくだろうと思うので、できるかぎり我慢する。けれども、**我慢していても、やはり帰りたいという気持ちが抑えきれず、それがネックレスをもてあそぶ、という行動となってあらわれる**のだ。

ここがポイント

もちろん、男性だって、いつでも「帰りたい」という意思表示ができるとはかぎらない。会社の上司や、お得意様のクライアントとお酒を飲んでいるときには、さすがに「もう帰りたいのですが……」とは言えない。

そんなときには、男性も女性と同じ行動をとる。

つまり、ネクタイの結び目あたりをもてあそび始めるのである。

なぜ、男性も、女性も、ネックレスやネクタイをもてあそぶのかというと、実は、喉仏《のどぼとけ》の下あたりには、頚切痕《けいせっこん》と呼ばれる神経が多く通っている部位があり、その部分を触っていると、私たちは心が落ち着いてくるのだ。

ネックレスやネクタイを触るのは、そうすることによって、頚切痕を間接的に触ることができるからである。頚切痕をやさしくなでることによって、退屈や不安を抑制しようとしているのである。

男性は、自分の好きなことについて話すとき、ついつい熱くなって、一心不乱に語ってしまうことが少なくない。女性が、どんな気持ちなのかを考えず、一方的にしゃべりまくるのだ。

しかし、女性とおしゃべりをするときには、女性の反応にもよく注意を払い、退屈させていないかどうかを判断しよう。その際に**役に立つのが、ネックレスをもてあそんでいないかどうかを手がかりにすること**なのだ。

自分を嫌っているかどうかが一瞬でわかる女性の動作とは？

女性が組んだ足をポンポンと上に「蹴る」ような動作をしていることがある。この動作は、一体どんな意味を持っているのだろうか。

ニーレンバーグとカレロの『ひとの心を読む技術』（日本生産性本部）によれば、このしぐさは、

「お前は、もう、あっちへいけ！」

「もう、その話をやめろ！」

といった意味になるらしい。前の項目で紹介したＦＢＩ捜査官のナヴァロも同様の指摘をしている。

ここがポイント

「蹴るような動作」は、ようするに、目の前にいる人物への、「嫌悪」である。

私たちは、気に入らない相手のことは、「蹴り飛ばしてやりたい」と思う。

しかし、現実にそんなことをすると、暴力をふるうことになるので、犯罪者になってしまう。

そのため、ごく普通の理性と常識を持ち合わせた人なら、相手のことを「蹴り飛ばしたい」と思っても、さすがにそんなことはしないのである。

けれども、人間の身体というのは、いくら我慢しても、わずかに微妙な形でホンネが表現されてしまう。それが、組んだ足のつま先をポンポンと軽く蹴り上げるようなしぐさとなってあらわれるのだ。

「ふ〜ん、そうなんだ〜、おもしろいね〜」などと口では言っていても、組んだ足のつま先をポンポンと蹴っている女性がいるとしたら、やはり彼女も退屈しているか、あなたのことが嫌いなのであろう。

合コンで、気に入った男性がひとりも見つからずにつまらなさを感じている女性陣たちは、数人でまとまって足をポンポンと蹴っていたりすることもある。こんな場合には、1次会だけで早々に切り上げたほうが無難だ。

そういえば、授業終了時間になっても、先生がいつまでも授業を終えてくれないとき、生徒たちは足をポンポンと蹴るようなしぐさをし始める。彼らは、「もうチャイムが鳴ったんだから、話をやめろ！」というホンネを、つま先で蹴ることによってあらわしているのである。

なお、机の下に相手の足が隠れてしまっている場合には、つま先を蹴っているかどうかを見てとることはできない。

しかし、そんな場合には、相手の指に注目してみよう。**指先で机をトントン叩いていたら、足を蹴っているのと同じで、やはり不愉快さを感じているとみなして間違いはない**はずである。

女性の椅子の座り方から、パーソナリティを見破るテクニック

椅子に座るとき女性がどんな座り方をするのか、あるいは、どんな足の組み方をするのかを確認すれば、その女性の性格をある程度までは見抜くことが可能である。

ただし、あまり足をジロジロ見ていると、女性に眉をひそめられてしまうかもしれないので、さりげなくちらりと見るだけにしよう。

足の組み方だけで、女性の心がわかるのかと思われるかもしれないが、椅子の座り方にも、その人の性格はあらわれるのである。ちなみにこの判定法は、臨床心理学者のジョン・A・ブレイザー博士が明らかにしているものである（『しぐさの不思議』ＫＡＷＡＤＥ夢文庫）。

❶両足をきちんと平行にまっすぐそろえて座る

→何でもきちんとしていないと気がすまないが、組織には順応しやすいタイプ

❷載せた足を、支えた足にからませている

→不安におびえる完ぺき主義者

❸載せた足を、ブラブラさせている

→競争心旺盛で、物事を計画するのが大好きなタイプ

❹男性のように膝《ひざ》を離して、足を広げて座る

→ざっくばらんで、ユーモアセンスがある。人当たりもよいタイプ

最近の女性は、しばしば男性化していると指摘されている。言葉づかいも、男性のように乱暴になってきているし、その行動も男っぽくなってきているというのだ。そのためかどうかはわからないが、座るときに、男性のように足を広げて座る女性も増えているような印象を受ける。

そういう女性は、ブレイザーの判定では、男性のようにざっくばらんな性格であると見抜いてよいであろう。

ここがポイント

大和撫子《やまとなでしこ》のような女らしい女性とお付き合いしたいのであれば、両足をきちんとそろえて座るようなタイプが望ましい。そういう女性は、性格的にも、穏やかであ

るし、従順な性格であることが多いからである。

電車の椅子に座っている女性を見て、それぞれの女性がどんなタイプなのかを推測したりするのもおもしろい。本当に、その推測が合っているのかどうかを確認するためには、その女性に実際に話しかけなければならないのでちょっと難しいが、勝手に推測してみるのも、いい暇つぶしになるものである。

女の子のメールから、あなたがどれだけ好かれているのかを見抜く法

ここがポイント

「私は、あの子にどれくらい好かれているのだろう？」
「僕は、あの子にとっては、男性として何番目くらいなんだろう？」

好きな人がいれば、その人の気持ちを確認したいと思うのが、人間の性《さが》。けれども、女の子がみなさんのことをどれくらい思ってくれているのかを判定するのは、とても簡単である。

女の子の心の中での「マインドシェア」は、どれくらい頻繁にコミュニケーションをとってくるかで測定できる。女の子は、仲良くなった人、好きな人には、頻繁にコミュニケーションをとるという性質を持っているからである。

男性は、嫌いな人とでも、とりあえずは会話をしようとする。

職場に嫌いな同僚がいるとして、その人を完全に無視する、ということはありえない。挨拶だけはしてあげるとか、事務的な会話くらいはそれなりにしてあげるものである。

ところが、女の子はもっとキツイ。

嫌いな人とは口もきかないし、一切のコミュニケーションを遮断《しゃだん》するのが普通だ。好きな人に対しては、「これでもか！」というくらいにコミュニケーションをとろうとするのに、嫌いな人には、徹底的に冷たくする。

そういうわかりやすいところが女性にはあるのである。

たとえば、メールの頻度。

女性は、気になる男性に対しては、

❶自分から

❷かなりの頻度で

❸かなりの文章量の多さで

❹かなり凝った

メールを送ってくるはずだ。

ウェスタン・ニューイングランド大学のキャサリン・ディロンによると、女性は、もともと男性よりも、たくさんの文章量でメールを書き、飾り立て（いろいろなマークや顔文字の使用）などをよくするのだが、好きな男性に対しては、それがさらに強調されるという。

こちらからメールを送らないと、彼女からはメールがこないとか、返信がきても内容がそっけないとか、文字だけで飾り立てが一切ないとか、そういうメールしかもらえないのであれば、残念ながら、あなたはまったく相手にされていないのである。

自分のことを何もしゃべらない女性は、あなたに対して「脈なし」の女性

「どの辺に住んでるの？」

「どんな仕事してるの？」


初対面の女性と出会うと、男性はたいていそういう質問をするものである。女性の情報を探って、会話のとっかかりを得ようとするためだ。

しかし、このときに女性があまり答えてくれないこともある。

男性からしたら、たいした個人情報でもないと思うのだが、彼女について何を質問しても、はぐらかしてばかりで教えてくれないとしよう。

このような女性の態度が見られたときには、どのように解釈したらいいのか。

一番可能性が高いのは、**「脈なし」**である。

つまり、彼女は、あなたに対して、これっぽっちも興味・関心がなく、好意も愛情も感じていない、という可能性がきわめて高いのだ。

したがって、できるだけ早く彼女を解放してあげよう。ビジネスでの出会いであれば「やりかけの仕事がある」とか「別件の仕事がありますので……」と言い訳し、さっさとその場から退散したほうが賢明であるし、プライベートでの出会いなら、さっさと切り上げて別の女の子を探したほうがいい。そのほうが時間のムダにならずにすむ。

ここがポイント

女性は、嫌いな人に対しては自分のことをあまり話さない。

だから、どれくらい自分のことをしゃべってくれるのかは、女性がどれくらい好意を抱いてくれているのかの優れたバロメータになるのだ。

米国オールド・ドミニオン大学のラニ・ブランデージは、魅力的な顔だちの男性の写真と、そうでもない男性の写真を女性に見せ、「この後の実験で、この人とやりとりをするのですが、みなさんの自己紹介の文章を書いてくれませんか？」とお願いしてみた。

その後で、それぞれの女性が書いた自己紹介の文章を分析してみたところ、多くの女性は、魅力的な男性に対してはプライベートな内容を含めた文章を書いた。ところが、そうでもない男性に対しては、きわめてそっけない、表面的な自己紹介しか書かなかったのである。

女性は、とてもわかりやすいところがあって、好きでもない人には、自分のことをさらけださない。むしろ、隠す。

「私って、こういう性格なんですよ」
「私って、こういう趣味があるんですよ」
「私の出身は、どこそこなんですよ」

そんな感じで、**女性が自分のプライベートな情報をどんどん出してくるのであれば、それは彼女があなたを気に入ったという証拠**である。

けれども、仕事について尋ねても、「う〜ん、事務みたいな仕事かなあ……」などと、非常にアバウトなことしか教えてくれないのなら、まったく脈がない。

女性は、好かれたい男性になら自分のことを伝えるのである。そうやって、自己アピールしようとするのだ。わざわざ自己アピールするまでもないな、と思っている男性には、ほとんど何も語らない。

もちろん、好きでもない男性にもいろいろと自分のことをしゃべってくれる女性もいるが、そういう女性は、性格がおおらかで、開放的で、開けっぴろげなだけである。したがって、自分のことをしゃべってくれるからといって、すぐに「脈ありだ」と判断するのも危険である。

女性は、髪が切りたくて美容院に行くのではない

美容師さんが1ミリしか髪を切らない美容院が流行《はや》っているという。美容院なのに、なぜ髪を切ってあげないのか。それでは、サービスにならないのではないか、と男性なら思うであろう。

しかし、そこは女性と男性の心理の違いである。

男性は、伸びた髪を短くするという、ただそれだけのために散髪に出かける。そのほかの理由などはない。ところが、女性はそうではない。**女性にとって美容院に行くのは気分転換**なのである。

「ちょっとイヤなことがあったから、髪でも切ってこようかな」という女性の心理は、男性にはわかりにくい。けれども、女性が美容院に行くのは、男性がちょっと気晴らしにパチンコに出かけるようなものなのだ。

女性にとって、美容院に出かけることは今までの自分とは違う自分に変身できるような心理作用がある。つまりは、変身願望を満足させてくれる場所が美容院なのである。男性のように、ただ髪を切る場所、ではないのだ。

ついでに言うと、女性は髪を大切にしているし、髪を触っていると、気分が落ち着いてくる。

ここがポイント

不安や緊張を感じた女性が自分の髪をよく触るのは、そうすることによって気分が落ち着くからなのだ。

ハーバード大学のシェリー・ゴールドバーグが、仕事の面接を受けにきた男女の動作を分析してみたことがある。実験的に面接状況を設定したのは、面接を受けるときにたいていの人は緊張するからである。

その結果、緊張した女性は自分の髪をよく触ることが判明したという（男性は首や顔などをよく触っていた）。女性は、髪を触ることによって気分を落ち着かせるのである。

女性は、髪を触ることによって安心することができるし、また髪を切ることによって、気分転換をはかることもできる。

女性が「あ〜、美容院にでも行ってこようかな?」としゃべっているのを聞いたら、「あ〜、気分転換でもしたいな」がホンネである。決して髪が切りたいというわけではないのだ。

よく、「失恋した女性は、髪を切る」といわれるが、たしかに失恋をして気分が落ち込んだ女性は、髪を切ることによって気分転換をはかるであろう。

美容院に行きたがる女性は、それだけ気分転換を必要としている、すなわち、毎日ストレスを感じているのかもしれない。もしストレスを感じていなければ、そんなに頻繁に美容院に行く必要も感じないはずだからである。

心理学者しか知らない「社交的な女性」を見抜く方法

だれにでも気さくに話しかけ、自分からどんどんおしゃべりの話題を提供してくれるような女性がいる。そういう社交的な女性を見抜くコツのようなものがあるのだろうか。

実は、女性が明るく陽気で、社交的なタイプなのかは、座っているときの姿勢を見れば一目瞭然である。

たいていの女性は、両膝をくっつけるようにして座る。

ところが、**社交的なタイプの女性は、男性のように足を開いて座る**のだ。

スウェーデン南東部にあるリンチェピング大学のジャン・アストロムが20歳から65歳までのさまざまな職業の男女を調べてみたのだが、足を30度以上、開いて座るような女性には社交的なタイプが多かったという。

足を開いて座るということは、性格も男性的なのであり、サバサバしていて陽気な社交家が多いのであろう。

おしゃべりが大好きで開放的な性格の女性は、足を開いて座る。

この手がかりを知っておけば、いろいろと役に立つのではないかと思う。

たとえば、知らない人ばかりのパーティに参加して、だれかとおしゃべりをすることになったとしよう。

こんなとき、足を閉じて座っている女性に声をかけても、おそらくはつまらない思いをする。なぜなら、足を閉じている女性は心も閉ざしていることが多く、どんな話題を振っても、あまりのってきてくれないからである。

ここがポイント

むしろ、**座っているときの膝に注目し、足が離れているような女性に声をかけるとよい。**そういう女性には、社交的なタイプが多いから、むこうのほうからいろいろと話題を提供してくれて会話も弾むことであろう。

ただし、最初は緊張しているために両膝をくっつけているが、慣れてくると、足が開いてくる女性もいる。そういう女性は、もともとは社交的なタイプなのだが、ただその場の雰囲気に慣れていなくて不安や緊張を感じており、足を閉じている可能性がある。

ちなみに男性でも、不安や緊張を感じやすい人は足を閉じて座る。

歯医者さんでの調査によると、150人の男性のうち、128人が足をぴったりと閉じて待合室で待っていたという。おそらく、治療の痛みが怖くて足を閉じてしまうのであろう。

これはたまたま状況がそうなので足を閉じているだけであって、性格が内向的であるというわけではない。

女性の「表情のコントロール力」に翻弄《ほんろう》されないコツ

男性が、何を考えているのかは、顔を見れば一発でわかる。

「あっ、怒ってるんだな」
「あっ、楽しそうだぞ」
「あれっ、悲しいことでもあったのかな」

男性は、思っていることがすぐ顔に出るので、顔の表情の変化を見れば、その人がどんな気持ちでいるのかなど、別に心理学者でなくとも瞬時に判断できる。

読者のみなさんだって、職場の同僚や上司が、今、どんな心理状態なのかは、たいてい読めるのではないかと思われる。

ところが、女性は感情をオモテに出さない。

ここがポイント

女性は感情のコントロール能力が男性よりも高く、怒っているときでも、悲しいときでも、ポーカーフェイスを装ったり、あるいは笑顔を偽装することが簡単にできるのだ。

ヒューストン大学のパメラ・コールが、3歳から4歳くらいの男女の表情を観察してみたことがあるのだが、男の子は、悲しいときにはすぐ泣くし、うれしいときにはすぐ笑うしで、簡単に表情から感情が読みとれるのに対し、女の子の場合は、わずか3歳であっても、否定的な感情を抑制するのが巧《たく》みだったという。

女の子は、「あげるよ」と約束していたプレゼントが「ごめんね、数がなくなっちゃった」と告げられたときにも、怒りや悲しみの表情を抑制することができた。そういう顔をすると、相手が困るだろうと思うので表情に出さないのである。

ところが、男の子はというと、約束していたプレゼントがもらえないとわかった瞬間に、「なんでだよ〜！」と大声を出したり、「うわ〜ん！」と泣き叫んだりするのであった。感情を素直に表現してしまうのである。

感情の表現が大げさなアメリカ人の女性だって、否定的な感情は出すのをためらうのだ。

ましてや、感情を出すことが文化的に抑制されている日本では、なおさら女性は感情を顔に出さないのではないかと思われる。

明治初年に東大に医学を教えにきたベルツは、日本の上流階級の女性たちがお産のときに苦痛を我慢して泣き叫ぶことをしないことに感動している。

日本の女性は、たとえどんなに苦しくとも、感情の表現をためらうのだ。

女性が何も言わないからといって、女性がそれを受け入れているわけではないということは、どんなに強調してもしすぎることはないであろう。

女性は、どんなに退屈していても、それを顔に出すことはないし、どんなに嫌いな相手が目の前にいても眉をひそめたりはしない。ただ、心の中で嫌がるだけである。


女性は、顔の表情によって手がかりをまったく出さないのであるから、その気持ちを知るためには、いちいち確認するのが一番である。

「ごめんね。この話題って、退屈じゃない？」

「歩き疲れてない？　もしそうならすぐに言ってね」

「あっ、こんな言い方は気分が悪かったかな？」


こんな感じで、たえず女性に質問してみるのだ。表情からホンネが読みとれない以上は、このような確認作業を通してしか、女性の心理を正しく知ることはできないのである。

女性が興奮しているかどうかは、その「肌」を見ればわかる

男性でも、シャイな男性はすぐに顔が赤くなるが、女性はもっとである。

男性は、もともと面の皮が厚いせいもあるのか、たとえ恥ずかしくとも、それほど赤面しないが、女性の場合は、恥ずかしさを感じるとすぐに顔が赤くなってしまう。だから、恥ずかしさを感じている女性はだれでもすぐにわかる。

女性は、化粧をしているので、赤面してもわかりにくい。けれども、恥ずかしいときの女性は、化粧をしていてさえ、なお桜色に顔が染まってくるので、その変化を見抜くのはそんなに難しくない。


女性は、恥ずかしさだけでなく、興奮したときにも赤くなる。

しかも、女性は、男性とは違って、身体全体が赤くなるのである。

この現象は、**「性的紅潮」**または**「セックス・フラッシュ」**と呼ばれる現象で、全身の肌にあらわれる桜色の斑点や、広範囲の紅斑《こうはん》のことだ。

ワシントン大学のマスターズ博士の古典的な研究によると、興奮した女性では75%に見られるという。対して男性はというと、わずか25%。4人中3人の女性は、興奮すると、すぐに赤くなるのである。

赤くなる部位はというと、顔だけでなく、乳房やお腹にもあらわれるそうだ。

女性は、自分の感情を隠すのがとても上手である。

特に、言語能力に優れた女性は男性に比べて、ウソをつくのも巧みである。そのため、女性のウソにだまされる男性も多い。

けれども、**身体の生理的反応のほうは、ごまかしようがない。**

女性とエッチをしているとき、「すっごく興奮している」と口では言っていても、身体に性的紅潮が見られないのなら、「あれえ？　ひょっとして演技かな？」という疑いもできるわけである。もちろん、性的紅潮が見られない女性もいないわけではないので、あまり早計に結論を出すのは危険であるが。

心理学では、言葉と身体の発するメッセージが食い違ったときには、基本的に身体の発するメッセージのほうがホンネをあらわす、としている。

したがって、**女性がいくら口では「興奮している」とか「恥ずかしい」と言っても、顔や胸元が桜色に染まっていないのであれば、ウソをついている可能性が高い**と考えられるのである。

ここがポイント

女性は、身体が紅潮するのを見られるのがあまり好きではないが、それはお酒に酔うと、すぐに顔が赤くなってしまう男性があまり赤く酔っ払った顔を見られたくない心理に似ているかもしれない。

COLUMN

女性をデートに誘う簡単なコツ

女性をデートに誘うとき、どんな場所に誘ったらよいのか悩む男性は多いが、基本的にそんなに悩まなくていい。

というより、どんな場所であろうが、女性を誘うことは可能である。なぜなら、女性は、男性に比べると、ものすごく被暗示性が高い（暗示に弱い）ことが、判明しているからだ。

女性は、ちょっと強めの言葉で断定的に話せば、「そんなものなのか」と素直に信じてしまうようなところがあるのである。

ロンドン大学のエイドリアン・ハーンハムは、女性のほうが、男性よりも被暗示性が高いので、インチキな心理テストも信じるし、星占いの結果も信じてしまうと指摘している。だから、安心して自分の行きたい場所へ誘えばいい。

「パチンコってやったことある？　今、流行っているみたいだよ」

と「流行っている」のところを強調して誘えば、女の子もついてきてくれるであろう。なぜなら、女の子は、「流行っている」という言葉に弱いからだ。

実際に流行っているかどうかは、あまり関係がない。

あくまで、流行っていると思わせればいいのだ。

あとは、事前に下調べして、なるべく女性客が多くいるようなパチンコ屋さんに連れていけば、女性も楽しんでくれる。

「今度、ストリップに行ってみない？　最近のストリップは、ショーとしても完成されていて、ものすごく見ごたえがあるみたいなんだよ」

そうやって誘えば、女性だって「一回くらいなら、行ってもいいかな？」と思うはずである。

基本的に男性しか行かないようなところでも、「流行っている」「オシャレ」「トレンディ」といった言葉でうまく誘導すれば、女性はついてきてくれる。大切なのは、強めの口調で言い切ってしまうことだ。「ここはオシャレなスポットなんだ」と思わせてしまうのがポイントである。

女性は、男性に比べると、ものすごく暗示にかかりやすい。

「ホロスコープによると、あなたは○○の性格だ」と言われても、たいていの男性は、バカバカしいなと思うだけであるが、女性は、「なるほど、自分はそういう性格なのか」と素直に受け入れてしまうのである。

「こんな場所には、女の子は行かないよなあ……」と思ってしまうから、誘い方も弱々しくなってしまう。だから、女の子もついてこないのである。

女性を誘うときに必要なのは、自信を持って、堂々と誘うことだ。

弱々しい誘い方では、気持ち悪い誘い方しかできないから、自信を持って誘おう。そうすれば、たいていの女性は、たいていの場所にはついてきてくれる。

雑誌などで、「最新デートスポット」を調べるのもいいが、慣れない場所に行くのは疲れるだけであるから、自分の行き慣れたところ、自分の行きたいところへ連れて行こう。

第2章

悪用厳禁！
好きな彼女の心を
確実に射止める方法

「ブルーのシャツ」を着ていると、女性からのウケがよくなる

ここがポイント

女性に好印象を与えたいのであれば、女性が好きな色を身につければよい。単純な理屈である。女性が好きな色を身につけていれば、あなたも同じように好かれる。おそらく普段の魅力より、2割増しくらいで評価してもらえるであろう。

男性が身につけるべき「モテ色」は、何色なのか。

正解を先に言ってしまえば、それは「ブルー」。**青系統の色が、女性にもっともモテる色だといってよい。**

青色のシャツ、青色のネクタイ、青色のコート、青色のカバン、青色のペンなど、とにかく青色をメインカラーにして、服装のコーディネートを考えよう。そうすれば、女性からのウケもよくなることが予想される。

米国サウサンプトン大学のウィリアム・サイモンが、約５００名の男女の色彩の好みを尋ねた調査によると、女性が一番好む色は「青」であったという（男性にも好まれたが）。ちなみに、あまり好まれないのは、「茶色」であった。

日本でも同じ傾向がみられ、アサヒグループホールディングスで行なわれた調査でも、女性の好む色の第3位として「青」があがっている。

女性が好む1位は、「ピンク」であり、2位は「オレンジ」であったが、さすがに男性でピンク色のシャツやオレンジ色のシャツを着るのは難しいと思う。

したがって、3位ではあっても、やはり男性が現実的に身につけることができる「青」がよいのではないかと思われる。

青は、空の色でもあるし、水の色でもある。

したがって、私たちにとっては、非常に馴染《なじ》みやすい色である。

晴れた空や、澄んだ水に対して、私たちはとてもよいイメージを持っている。そのため、そういうイメージを持つ「青」に対しても、同じように好印象を持つのであろう。

さわやかな印象を与えたいのであれば、「白」もオススメだ。

真っ白なシャツを好む女性は多いが、白は、青と同じように涼しげで、清潔感のある色である。基本的には、**青か、白のシャツを着ていれば、女性からそんなに悪く評価されない**のではないかと思われる。

色の好みについては、年代や、それぞれの時代によっても若干の変化が見られるが、ランキングの順位にわずかばかりの変動が見られるくらいであり、「青」や「白」がいきなり嫌われる色になるようなことはない。

だから、これらの色は安心して身につけられる色であるともいえる。

女性は、口癖のように「NO！」を言うものと心得よ

ここがポイント

女性を食事に誘って、「う〜ん、今週はちょっと……」などと断られると、たいていの男性はすぐに「ああ、もうダメだ」とすぐに諦めて、すごすごと引き下がってしまうものである。

しかし、ちょっと待ってほしい。

それは、諦めが早すぎるというものだ。

実は、**女性は、ホンネとしては「YES」でも、なんとなく「NO」と言ってしまう場合というのが、けっこう多い**のである。

男性が、「NO」と言えば、本当に「NO」なのであるが、女性の場合には、そうではない。「食事くらいなら、まあ、いいかな」と思っていても、なぜか「NO」を口に出してしまうケースがあるのだ。

テキサスA&M大学のシャーレン・ミューレンハードは、610名の女子大学生に、男性が求めてきたときに、「本当はYESでも、NOと言ったことが一度でもある？」と質問してみると、なんと39・3％は、「ある」と答えたのだ。4割もの女性が、「YES」でも「NO」と答えた経験があるのである。

なぜ「NO」と言ってしまうのかの理由としては、「軽い女だと思われたくないから」が90・0％で、「じらすことで、もっと自分に気を引きたいから」が75・7％、「相手の気持ちがはっきりとわからないから」が61・4％であった。

女性は、さまざまな理由があるのだが、「YES」でも「NO」と言ってしまうことが、この研究から明らかにされたといえよう。

女性に断られても、すぐにしょげ返る必要はどこにもない。

女性の「NO」は、軽い挨拶くらいに考えて、日を改めて、またお願いしてみよう。何回か誘ってみると、そのうち気分が変わって、「いいよ」と言ってくれることもあるであろう。

18世紀の冒険家として有名なカサノバは、恋愛の達人としても知られているが、

４５４５ページにもおよぶ回想録を残している。その中で彼は、自分の成功の秘訣として「絶えざる求愛に抵抗できる女性はいない」と書き記している。

なぜ、カサノバが女性にモテたのかというと、とにかく、押して、押して、押しまくったから。女性が「ＮＯ」と言っても、諦めずに押しまくったことが成功の秘訣だったのである。

最近の男性は、まことに諦めが早くなった。

女性に断られると、簡単に尻尾を丸めて引き下がってしまう。しかし、それではいつまでたっても、女性とお付き合いなどはできはしない。

もちろん、女性が本気で断ってきたときには、話は別だ。

「ＮＯ！」と言う声に棘《とげ》があるとか、本気で怒っている表情をしているとか、そんなときには、おとなしく引き下がるべきであり、それ以上、無理押ししようとするのは、ただのストーカーである。

「どうしようか……」と相談し始めたら、その彼女は〝脈あり〟のサイン

合コンで、２次会に行こうかどうかという話になったとき、**女の子同士で、「う〜ん、どうしようっか……」という相談が始まったとしたら、明らかに〝脈あり〟のサイン**である。

こんな場合には、ちょっと強引に、「いいじゃない、行こうよ。まだ早い時間だし。10時前には、お開きにするから心配もいらないよ」と誘ってみるといいであろう。

女性は、２次会に行ってもいいかな、と思っていても、それでもすぐには行こうとしない。

前の項で紹介したミューレンハードの研究で明らかにされたように、女性は「ＹＥＳ」がホンネでも「ＮＯ」と言ってしまうからである。

女性は、自分が何かの行動を起こすときの〝言い訳〟がほしいのである。

「自分が2次会に参加したい」と思っているから参加するのではなく、「まわりの子たちが（あるいは男の子たちが）、行こうって誘うから、仕方なく2次会まで参加した」という形にしたいのである。

女性は、いつでも行動の〝言い訳〟を作っておきたいのだ。

だから、女性陣が「2次会、どうしよう?」「う〜ん、私は別に行ってもいいけど……」と相談を始めたときには、「ほら、男性陣、頑張って、私たちを誘いなさいよ」というサインだと解釈したほうが正しいのである。

女性は、自分が率先して動くというより、周囲の人たちに動かされてしまった、という形を好む。

心理学では、こういう傾向を**「同調性」**というのであるが、男女の同調性を比較した研究によると、女性のほうが明らかに同調性は高いのだ。

ついでに言うと、女性を誘うときには、「ほかの女の子も来るんだから」という誘い文句を使えば、ほぼ間違いなく成功してしまうことをご存じだろうか。

食事だろうが、映画だろうが、温泉旅行だろうが、「ほかの子も来るよ」と言えば、たいていの女性は、それに〝流される〟ように、同調してしまうことが少なくない。

したがって、**お目当ての女性を誘うときには、その女の子と非常に仲良しの女の子を先に誘って約束をとりつけておくことが重要**になってくる。「将《しょう》を射《い》んとする者はまず馬を射よ」という古来の教えは、こんなところにも役に立つのだ。

女性は同調性が高いため、「みんなが行くと言っているのに、私だけ行かないというわけにはいかない」という妙な使命感のようなものさえ感じる。のけ者にされたくない、という気持ちや仲間外れが怖いという心理も多少はあるであろう。そのため、ほかの女の子と一緒に参加するのだ。

なお、女性はあまりにも同調性が強いため、たとえば合コンのときなどは、ひとりの女の子が、「もう帰ろうよ〜」と言い始めると、たとえほかの2人はもっとお酒を飲んでもかまわないと思っていても、その帰りたい女の子に引きずられるようにして、そのまま帰ってしまうというケースも多々見られる。

したがって、**合コンを成功させたいのなら、たとえブサイクな女の子でも、のけ者にするのではなく一生懸命に楽しませてあげるとよい**ことも覚えておこう。

ここがポイント

美人よりも平凡な女の子のほうが、モテてしまうのはなぜか？

男性は、すべて美人が好きである。

ところが、どうしたことか、超美人というのはそんなにモテずに、なぜか平凡すぎる女の子のほうに人気が集中してしまうのだ。

美人のほうは、いつでも男性からアプローチされるのを待っているのに、そして、男性は美人のほうが好きなのに、なぜこのような現象が起こってしまうのか。

実は、この理由は、女性側にはなく、男性側の心理に原因がある。

美人は、次の項目で論じるが、ものすごく性格がいい子が多い。

ここがポイント

平凡な女の子よりも、はるかに気立てがよく、愛想もよく、付き合いやすい。**「美人ほど性格が悪い」というのは、少なくとも、心理学的にいえば、まったくの大ウソである。**

けれども、なぜ美人がモテないのか。

その理由は、**大半の男性が臆病だから**である。

「どうせ、俺なんて、相手にされないよな」

「僕のようなブサイクな顔だちじゃ、どうせ眼中にないだろう」

と勝手に思い込み、アプローチをするのを諦めてしまうのである。つまりは、試合に参加せず、自分から棄権《きけん》してしまうのである。まことにもったいない話だ。

「自分のような平凡な男には、平凡な女の子のほうがお似合いだよ」と勝手に思い込んだ男性は、当然、平凡な女の子にアプローチする。そのため、平凡な女の子のほうには、わんさか男性が寄ってきて、それだけ競争が激しくなる。だから、**平凡な女の子を落とすほうが、現実にはとても難しい**のである。

ジョージア州立大学のジェームズ・ダブズは、女性アシスタントを歩道の一番端に立たせて、歩行者がどれくらいの距離を開けて通過していくのかを測定した。

その結果、美人のアシスタントを立たせたときには、男性はかなりの距離をとって通り過ぎることが判明した。

男性は、美人には「なるべく近寄らないようにしよう」という意識が働いたのである。

平凡な女の子のアシスタントを立たせたときには、歩行者の男性はかなり近くを歩いた。そして、声をかけたり、デートに誘ったりした。

逆に、この実験中、美人のアシスタントに声をかけた男性はゼロであった。

男性は、美人を敬遠することが、この研究から明らかであろう。

性格もよい美人が、なぜか婚期が遅れてしまったりするのは、彼女たちのせいではなく、男性側の心理にその理由がある。とびっきりの美人が、なぜかいつまでも独身なのは、彼女たちが敬遠されてしまうからだ。

だからこそ、**男性読者のみなさんには、どんどん美人にアプローチしてもらいたいと思う。**

美人には、遠慮せず、どんどんアプローチしていくのが正解

「美人は性格がキツイ」

と世の男性の多くは、誤った偏見を抱いている。

おそらくは漫画やドラマなどの影響なのだろうが、美人は、自分の容貌に自信を持ちすぎていて鼻持ちならない性格だと思われているのであろう。だいたい漫画で学園一の美少女やヒロインが描かれるときには、男性目線で、そのような描かれ方をされることが多いように思う。

ところが、現実は、まったくの逆。

ここがポイント

本当は、美人のほうが性格がよくて、性格が悪いのは、むしろ平凡な女の子のほうなのだ。平凡な女の子のほうが、ずっとたちが悪いのである。

ユタ州立大学のジェラルド・アダムスは、80名の女性にお願いして、男性とおし

ゃべりをさせてみた。

そして、その会話を分析したところ、美人の女性（別の女性２人が外見の判定をした）ほど、親切でやさしい対応をしてくれるのに、顔だちがそうでもない女の子のほうが、男性に対して冷たく、厳しい対応をとっていたという。

「美人が性格が悪い」というのは、おそらくは漫画などで作られたイメージであり、誤解であり、偏見にすぎない。

考えてみると、美人は、まわりの人たちから親切にしてもらえるので、性格が歪《ゆが》むようなことはありえないのである。小さな頃から、だれからもやさしくしてもらえるのだから、性格が悪くなるわけがないのだ。

ところが平凡な女の子は、そんなにチヤホヤされないので、ほかの女の子に嫉妬《しっと》したり、自分の外見に不満を抱いたりする。そのため、性格が歪んでいく。

幸せな人生を歩んでいる美人は、性格もやはりポジティブになる。

だから、「美人ほど性格が悪い」というのは、まったく何の根拠もない話なのだ。

前の項目で私は、ほかの男性が敬遠するから、美人にアプローチしたほうがチャンスですよ、というお話をしたが、美人に声をかけても、もともと美人には性格がいい人が多いので、おそらくはやさしく接してくれるであろう。

「あんたみたいな虫けらが、私に気軽に声なんてかけないでくれる?」といった態度は絶対に見せないはずだ。むしろ、そういう冷たい対応は、ごく平凡な女の子がとるのではないかと思われる。

美人には、性格がいい子が多いのに、なぜか男性からは敬遠されてしまうという不条理があるわけであるが、実際には、ものすごく気さくで付き合いやすい子が多いという事実を知っておこう。

そして、美人には、遠慮せずどんどんアプローチしていくのが正解だということも覚えておこう。

「美人は三日で飽きる」も大ウソ

美人に対しての偏見は多いが、「美人は三日で飽きる」という、とんでもない偏見もあるので指摘しておこう。

「美人は三日で飽きる」というのは、キレイな顔だちなど三日も見ていれば飽きてしまうのだから、女性は心で選びなさいという古人の教えである。

ここがポイント

しかし、すでに述べたように、美人は性格も悪くない。したがって、**美人を選ぶのが、やはり心理学的にいえば大正解**である。

本当に美人は三日で飽きてしまうのだろうか。

決して、そんなことがないことはすでにきちんとしたデータで明らかにされている。

サザン・メソジスト大学のアンドリュー・メルツァーは、新婚夫婦４５８組にお願いして、4年間の追跡調査をさせてもらった。

調べたのは、その4年間で、どれくらい相手に対する魅力や満足度、愛情が減ってしまうのかである。

本当に、美人に対してはすぐに愛情が目減りしてしまうような現象が見られたのであろうか。

事実は、まったく逆であった。美人の奥さんをもらった夫は、結婚した当初も、4年後も、依然として奥さんへの愛情を高く評価したのである。

ところが、ハンサムな夫と結婚した奥さんは違った。結婚当初こそ愛情は高かったものの、4年後には、普通の夫と結婚した奥さんと同じレベルにまで、愛情が下がってしまったのである。

このメルツァーの研究からすれば、**「美人は三日で飽きる」のは間違いであるのに対し、「イケメンは三日で飽きる」ということがいえる**のである。

女性に対しては、「イケメンなんてすぐに飽きるよ」というアドバイスはできるのであるが、男性に対して「美人の奥さんなんてもらっても、すぐに飽きるよ」とは言えないのである。いやむしろ、美人と結婚すればずっと幸せでいられるよ、と断言できるのである。三日どころか、4年後も飽きないのだから。

読者のみなさんは、学生時代に、好きな女性の芸能人やアイドルがいたであろうか。そういうアイドルのことは、10年経っても、20年経っても、やっぱり好きなのではないだろうか。私にも好きな女優さんがいるが、10年以上経っても、あいかわらずテレビで見ると、「ああ、キレイな人だな」とため息が出る。

「相手を顔で選ぶな」とはよく言われるが、それは間違いである。

美人に関しては、顔で選んでもまったく問題がないのだ。問題があるのは、むしろ、顔だちの整ったイケメンのほうであろう。

下手な「抽象論」より、エピソード中心の会話をしよう

「男はアナリシス（分析）、女はアナロジー（類推）」と表現したのは、ノーベル生理医学賞を受けたアレクシル・カレルである。

カレルはお医者さんであったが、心理学にも造詣が深かったのであろう。たしかに、男性は分析的思考をするし、女性はアナロジー的思考をするものだからである。

ここがポイント

女性と会話をするときには、なるべく自分のエピソードを中心にした話題を提供しよう。女性は、自分との経験と対比させながら物事を理解していく。そのため、抽象的な話をされても、あまりしっくりこないのである。

女性と話をするときには、なるべく具体的なレベルに落とし込んでいこう。

その話が、具体的であればあるほど、女性は自分の経験に照らし合わせて、「あっ、そういう経験なら、私にもありますよ〜！」と会話を盛り上げることができるから

だ。

「私の趣味は、野球観戦です」

と言われても、女性は、「はあ」という感じでしか聞くことができない。

そうではなくて、

「私は、外野スタンドで声が嗄《か》れるまで応援するのが、月に一度の楽しみなんです。いつかホームランボールをとってやろうって、いつもグローブ持参なんですよ」

と語れば、女性も自分のエピソードとして、

「私も、だれそれのライブに行くのが楽しみで、いつかサインがもらえるかもって期待して、色紙は必ず持っていくんですよ」

としゃべってくれるかもしれない。こうして会話は盛り上がっていく。

「私は、やさしい男ですよ」

と女性にアピールしても、抽象的すぎて、よくわからない。「やさしい」という抽象語では、女性の心に響かないのだ。

そうではなくて、

「僕は、毎日、お花の水やりを欠かさないんです」

のほうが、「やさしい男」としてのイメージが湧《わ》きやすい。そういう**具体的なエピソードを盛り込んでいくのが、女性との会話のコツ**である。

ペンシルバニア大学のニコライ・シゲルコウによると、抽象論に比べ、エピソードの会話は、記憶に残りやすく、相手に与える心理的なインパクトも大きいのだという。こういう現象は、**「鮮明効果」**と呼ばれている。

女性の大半は、男性の会話を退屈すぎると感じている。

なぜ退屈なのかというと、男性の会話は、抽象的すぎてまったくピンとこないからだ。「男の会話は、つまらない」と、女性のほとんどがホンネで思っているのではないかと思われる。

女性を飽きさせない会話をするのは簡単だ。

自分の実体験に基づいたエピソードを語ればいいのである。そのほうが、女性にもよく理解できるし、会話も盛り上がるであろう。

女性は、男性の「声」を意外に重要視している

男性は、エッチな本やＤＶＤを見て興奮する。女性には、そういう男性の心理がわからない。共感もできない。

だから、職場で男性がエッチな雑誌やらエッチな動画などを見ていたりすると、汚らしいものでも見るような目で男性を見つめるのである。

逆に、男性は、ＯＬさんたちが集まって「営業の○○さんの声って、渋くて、カッコイイよね」などとしゃべっている内容には、まったく共感できないのではないだろうか。何がよくて、何が悪いのか、いまいちピンとこないのだ。

男性は、視覚動物である。

男性は、目から入ってくる刺激や情報に敏感に反応する。

ところが、女性は違う。

女性は、聴覚動物なのである。耳から入ってくる情報のほうが、大きなウエイトを占めている。

イタリアの社会学者フランチェスコ・アルベローニの『エロティシズム』（中央公論社）には、男性のエロティシズムが視覚的であるのに、女性のそれは聴覚的であるとの指摘がなされている。

男性は、女性のおっぱいやお尻など、目に見える視覚的な刺激が一番重要だと思っている。ところが、女性は、男性の声に反応する。そういう違いが、男女の間には見られるのである。

ここがポイント

女性にモテたいのであれば〝声〟を磨こう。

あまり高い声を出さず、低く抑えた声で話すようにすれば、みなさんも女性にモテるようになる。少しくらい、顔だちがブサイクであろうが、魅力的な声で話せるようになれれば、今よりもずっと女性にモテるようになる。

男性の声が低いのは、男性ホルモンの一種であるテストステロンによってもたらされる。そのため、声が低いほど、テストステロンの分泌もさかんで、「男らしさ」

のイメージを女性に与えるのだ。

ニューヨーク州立大学で行なわれた１４９名の男性についての調査によると、声の低い男性ほど恋人の数が多かったという。また、初体験の年齢も早かったという結果も得られている。

視覚動物である男性のみなさんにとっては、「声を磨こう」などとアドバイスしても、いまいち納得できないかもしれないが、女性にとって、声はものすごく重要な要素。

だまされたと思って、女性に話しかけるときには、今よりも少し低めの声で話しかけてみてほしい。たったそれだけで、みなさんの女性からの人気はずいぶんとアップすることを、みなさん自身が体感していただけるのではないか、と思われる。

女性は、常に
あなたの目を見て話したいと思っている

ここがポイント

女性と会話をするときには、彼女の目をずっと見つめながら話してあげよう。

男性は、ちょっと照れくさいと感じるかもしれないが、女性にとっては、相手の目を見て話すのがごく自然なのであり、目を合わせずに話すのは、不自然で気持ちが悪いものなのである。

男性は、別にお互いの目を見ないでしゃべっていても、へっちゃらだ。

しかし、女性はそうではない。

相手の目をきちんと見ながら話さないと、なんだかモヤモヤするのである。落ち着かない気分になってしまうのである。

とてもユニークな心理実験がある。

男女のペアを作らせ、背中合わせに座ってもらう。それから会話をさせるのだが、男性はというと、相手の顔を見ずにおしゃべりしていても、まったくへっちゃらなのだが、女性のほうはというと、15秒から20秒くらいで我慢ができなくなり、振返ってパートナーを見始めてしまうというのだ。

この実験からわかるように、女性は、目を見ずにしゃべるのが苦手である。

「相手の目をじっと見つめるのは、失礼にあたりませんか？」

と思う人がいるかもしれない。

たしかに、ビジネス本などにはそのように書かれていることがある。目を見て話すのは失礼だから、ちょっと伏し目がちにして、相手のネクタイの結び目あたりを見るのがマナーだ、などと書かれている本もある。

しかし、それは相手が男性の場合だけだ。

相手が女性なら、目を合わせずにいると、余計な不安や緊張を与えてしまうことになる。「なぜ目を合わせてくれないのだろうか？」と女性を不安がらせることになる。だから、**相手が女性なら、いくらでも目を合わせていい**のだ。

女性に好かれたいのなら、女性の目をしっかりと見つめよう。モテる男性は、それを知ってか知らずか、きちんと実践している。

オレゴン大学のハル・アーコウィッツは、月に2回のペースで女性とデートをするモテモテ男性グループと、あまりデートをしない（2ヶ月に1回のペース）の男性グループに集まってもらって、女性と10分間の会話をしてもらった。

すると、モテモテ男性グループのほうは、10分間（600秒）のうち、304・34秒も女性の目を見つめていたのに、あまりモテないグループのほうでは、女性の目を見つめるのは262・93秒であったという。

女性とおしゃべりするときには、目を見ること。そうすれば、みなさんはもっと女性に好かれるであろう。

打ち明け話をすれば、その女性と必ず仲良くなれる

「実は、俺さ、○○なんだ。大きな声じゃ言えないけどな」
「ここだけの話なんだけど、俺は昔、○○してたことがあって……」
「絶対に秘密にしてくれよ。先週のことなんだけどね、僕が……」

女性は、こういう打ち明け話が大好きである。

ここがポイント

女性と仲良くなりたいのなら、自分の秘密をこっそりと彼女にだけ伝えればよい。

それだけで、彼女とはあっと言う間に親しくなれる。

フランスの文学者ボーヴォワールは、「彼女たちが結ばれるのは、内面生活の一種の共犯関係である」という言葉を残している。女性同士で、打ち明け話が好まれ

るのは、お互いに仲間になれるからだ。

打ち明け話をすると、まるで一緒に何か悪いことをしたときのような「共犯関係」ができあがり、それゆえお互いの絆《きずな》が深まったように感じるのである。

米国ラトガース大学のジェニファー・ギッブズは、「Match.com」というデートサービスに登録している男女３４９名について、どういう人ほどモテるのかを調べてみたことがある。

その結果、自分自身についての打ち明け話をすればするほど、オンラインデートでの成功確率が高くなることが明らかにされたという。

「○○ちゃんって、口が堅いほう？」
「だれにも言わないって約束してくれるなら、秘密を教えるけど？」

そんな感じで切り出せば、たいていの女の子は、「えっ!?　なに!?　なに!?」と一発で食いついてくるはずだ。女の子は、そういう秘密のお話が大好きなのである。

別にたいした秘密でなくともよい。

あくまで、秘密のような形をとるだけで、ごくありきたりなエピソードを語ってもよい。ともあれ、打ち明け話をしたということで、彼女はみなさんに心を開いてくれるであろう。

ただし、ギッブズの研究によると、相手があまりに引いてしまうような打ち明け話は、逆効果であるとのことである。打ち明け話をするのは効果的であるが、女性が引いてしまうような内容は避けたほうがいいであろう。

たとえば、自分の特殊な性癖などは、女性にとってはただただ気持ち悪いだけなので、そういうものは、打ち明けてはならない。**自分の株が下がらないような打ち明け話だけに限定したほうがいいのは、言うまでもない**ことであろう。

「大学時代に、ホストをやっていた」とか、「今はスリムだけど、小学校時代はお相撲さんのように太っていた」とか、「お見合いパーティに参加したら、意外にモテた」とか、その程度の打ち明け話にしておこう。

すべての女性は、「スーツ」姿の男性を高く評価している

ここがポイント

女性とデートをするとき、どんな服装をしたらよいかで悩む男性は多い。しかし、どうしても服のチョイスが決められないのであれば、いっそのこと、スーツ姿で出かけてみるのはどうだろうか。**カジュアルな服装に自信がないのなら、スーツのほうが絶対に好印象を与える。**

海水浴であるとか、山登りといったデートの場合には、さすがにスーツを着ていくのは違和感があるだろうが、ちょっとお出かけする程度のデートであれば、スーツを着ていても、そんなにおかしな服装でもないはずだ。

女性は、スーツ姿の男性が好きである。

パーソナル・スタイリストの三好凛佳さんの『男の「外見《ヴィジュアル》」コーチング』（ＰＨ

P文庫）という本には、女性100人に行なったアンケートの結果が載せられているのであるが、約8割の女性が、スーツの男性に対して好意的な評価をしたのだという。

カジュアルなファッションに自信がないのなら、フォーマルな服装をしよう。そのほうが、女性からのウケも断然よくなる。

ロンドン大学のエイドリアン・ファーンハムは、男女10枚ずつの写真を用意して、それを多くの人に見せて印象を尋ねてみた。なお、洋服は5パターンずつ用意されていた。

その結果、男性は、フォーマルな服装（スーツとネクタイ）が一番好まれることが明らかにされたという。心理学的には、こうした現象を**「ドレス効果」**と呼んでいる。

ちなみに、女性の場合には、フォーマルか、カジュアルかによって、そんなに大きな差は出なかった、とファーンハムは指摘している。女性は、カジュアルな服装でもウケがよいのである。

男性の場合、カジュアルな服装だと、「う〜ん、ちょっとダサい」と思われてしまう危険性がある。よほどファッション・センスがあるのならカジュアルな服装でもいいのだが、自信がないのならスーツにしておくのがいいであろう。

そういえば、私の知り合いの女性は、理系の学生が白衣などを着ていると、ものすごく「萌える」と言っていた。たしかに、白衣もフォーマルな感じがする。

休日にデートをするとなると、どうしてもカジュアルな服装のほうが多くなってしまう。

したがって、**なるべく平日にデートをするようにすれば、スーツ姿でいてもおかしくはないし、洋服のチョイスで悩むこともないし、そのほうが女性からのウケもよくなる。**まさに一石三鳥である。

どんなことでも女性を先にしてあげる習慣を持て

ここがポイント

男女同権とはいえ、いろいろなところでいまだに「男性上位」の構造が見られる。何をするにしろ、女性は男性よりも「後回し」にされることが少なくない。

ヒューストン大学のベッティ・ステッドは、5ヶ所のデパートにおいて、ほぼ同時に店内に入ってきた男女のお客のうち、店員がどちらを先に声をかけてサービスするのかを調べてみた。

すると、店員が男性を先にサービスするケースが61%であり、女性が先であるケースはほぼ半分の32%であったという。残り7%は、複数の店員がほぼ同時にサービスをしていた。

女性は、男性よりも冷たい対応というか、後回しの対応をよくされるのである。

だからこそ、読者のみなさんは、**何でも女性を先にしてあげる習慣を持つとよい。**

何でも女性を先に譲ってあげるのである。そうすれば、普段、後回しの対応を受けている女性は、みなさんに好意を持つであろう。

エレベータの乗り降りをするときには、女性を先にするくらいはたいていの人がやっていると思うのだが、そのほか一切のことについても、女性を先にしてあげるのだ。

たとえば、職場のみんなにお茶を配るとき、たいていの人は上司に先に配り始めると思うのであるが、女性を先にしよう。上司に対しては、「部長、レディファーストと申しますから、女性のほうに先にお配りしてもいいですよね？」と一言断っておけば、上司からもにらまれることはないはずだ。もちろん、女性陣からは、好印象を得ることは間違いない。

出世に関してもそうである。

たいていの場合、同じような仕事をしていたら、男性のほうが女性よりも先に昇進、出世させてもらえることが少なくない。

けれども、仕事で手柄を立てたときなどは、

「同期の○○さんのサポートのおかげで、僕なんて何もしてませんよ。昇進なら、

彼女のほうが先です」

と、女性にそっくり譲ってしまってもいいのではないかと思う。

女性は、男性のみなさんが知らないようなところで、いろいろと冷たい仕打ちを受けているのである。

そんな彼女たちは、**何でも自分を先にしてくれるみなさんに対して、ものすごくいい印象を持たないわけがない**のだ。

「お先にどうぞ」の精神は、女性ばかりでなく、男性にも好かれるための秘訣である。

買い物をしているときでも、飲食店に入ったときでも、店員さんが自分のほうを先に応対してくれようとしたら、「あちらの方のほうが先にお待ちになっていましたから、僕は後でいいですよ」と申し出よう。そういう謙虚な人は、だれに対しても好かれるはずだ。

COLUMN

女性は、男の子、女の子、どちらの赤ちゃんをほしいのか

読者のみなさんが独身者なら、ちょっとお聞きしたい。みなさんが結婚して、子どもを授かるとしたら、男の子と女の子のどちらがほしいであろうか。

「う~ん、健康だったら、どっちでもいいなあ……」

「僕は、元気な男の子がいいなあ……」

「僕は、かわいい女の子がほしいなあ……」

いろいろと意見は分かれると思う。

では、女性はどちらの子をほしいと思っているのだろうか。

トルコにあるガジ大学のエルヴァン・アイセリは、初産を控えた大勢の女性に、「どちらの赤ちゃんがほしいですか?」と尋ねてみた。なお、彼女たちは妊娠してはいるが、赤ちゃんの性別を医者から教えてもらっていない女性たちである。

その結果、49・5%の女性が、「女の子がほしい」と答え、「男の子」と答えたのは25・3%であった。残りは「どちらでもいい」と答えた。ほぼ2倍の開きがあるほど、女性は、圧倒的に「女の子」がほしいようなのである。

なぜ、女性は、初めは女の子を産みたいと思うのか。

その理由は、自分も女性であるだけに、同じ性別の女の赤ちゃんのほうが気持ちがよくわかるし、育てやすいと思うからである。

男の赤ちゃんは自分とは性別が違うので、ちょっと不安がある。「男の子は、やっぱり男であるだけに女性である自分とは違うのだろうか？」という心配がある。だから、特に初産のときには男の子よりも女の子のほうが安心できるのであろう。

日本でも、「一姫二太郎」などという言葉があり、「最初は女の子がいい」とは昔から考えられていたようである。

初めての出産というのは、女性にとっては非常に大きな出来事なのであって、いろいろと不安がある。子育てにも不安があるだろう。なにしろ初めてのことなので、右も左もわからないのだから。

そのため、自分と同じ女の子のほうが余計な不安を感じずにすむ、ということもあるかもしれない。

第3章

あなたの隣の女の子の気持ちを読む禁断の心理ワザ

女性の肩から下は見てはいけない！

男性は、どうしても女性の曲線的な身体のシルエットに目を奪われがちだ。

コロラド大学のリック・ガードナーは、男性にアイ・トラッキングという視線を追跡する特殊なメガネをかけてもらい、テレビモニターに映った女性を観察させた。すると男性の大半は、女性の「胸」をじろじろと眺めることが明らかにされたという。胸の次は、「腰」で、その次にようやく「顔」がくる。**男性は、女性の顔をあまり見ない代わりに身体のほうをじろじろと眺める**のだ。

男性なら、だれでも女性の胸が気になる。

私も、同じ男性として、その心理はよくわかる。自分にはない、女性の豊かな胸を見ると、どうしてもそれが気になって、視線をそちらに向けがちになる。

しかしながら、女性は、男性のそうした視線がイヤらしい。

「どうして、この人は、私の目を見て話してくれないのかな？」

「私の胸にしか興味がないのかな？」

「私自身のことなんて、どうでもいいと思っているのかな？」


自分の胸ばかりを見つめられる女性が、うれしさを感じるわけがない。

そういう女性心理を踏まえれば、どんなに気になったとしても、女性の胸には視線を落とすな、というアドバイスをすることができるであろう。

ケビン・ホーガンは、『「できる」人の対人術』（ＰＨＰ研究所）という本の中で、女性との最初のデートでは、肩から上だけに視線を向けるべきである、と述べている。ホーガンは、これを**「ショルダー・ルールの法則」**と名づけている。

ここがポイント

目線は、女性の顔だけでよく、肩から下は見てはならない。


なぜなら、多くの女性は、身体のほうを見られるのを嫌がるのだから。嫌がることはしないことが、マナーに適《かな》った行動であることを考えれば、ショルダー・ルールの法則はきわめて大切な法則であるといえる。

そういえば私は、知り合いのライターさんから「キャバクラで遊ぶときには、女の子の顔だけを見たほうがモテるぞ」という話を聞いたことがある。

キャバクラのキャストの女の子は、みな胸元がざっくりと開いたドレスを着ている。それは男性のお客さんの目を奪うため、仕事のためにそうしているのである。

しかし、彼女たちだって、セクシャルな対象として見つめられていたら、いい気分はしない。そのため、顔だけを見つめるようにしたほうが、

「この人は、ほかのお客さんとは違う。私を、きちんとしたひとりの女性として扱ってくれている」

というあうれしさを感じさせ、結果としては、モテるのだというのである。

とにかく**女性とおしゃべりするときには、「顔」だけを見つめよう。**そうすれば、「あの人はいつでも目つきがいやらしい」などと陰口を言われることもなくなるだろう。

すべての女性は、「年齢」を話題にされるのが大嫌い

女性は、男性が思っている以上に「年齢」や「若さ」にこだわる。

女性が、自分の年齢を「30くらい」と答えたなら、少なくとも「30歳以上」と自分でバラしているようなものである。男性なら、年齢を聞かれても、あまり気にせず本当の年齢を教えたりするが、女性はそうではない。できるだけごまかそうとする。

なぜ、女性は、年齢にこだわるのか。

その理由は、女性の魅力は、「若さ」に非常に強くリンクしているので、「もう若くない」というのは、女性にとっては、「あなたはもう魅力的でない」と言われるのと同じ意味を持つからである。

したがって、**女性に年齢を尋ねたり、話題に出すのは基本的にＮＧ。**そう思って

いたほうが、女性とはうまく付き合える。

「あれっ、○○さんって、何歳だったっけ？」

など不用意な質問をしたら、ほぼ100％嫌われることは間違いない。

ここがポイント

年齢を聞いていいのは、明らかに20代前半くらいに見える女性までだ。20代前半の女性は、自分が「若くて、それゆえ、魅力的」だという自覚を持っている。そういう女性になら、年齢を尋ねてもいいだろう。

フランスの歴史学者ミシュレは『恋愛論』で、「女に年齢はない」と言っている。つまり、女性はいつまでも若くありたいと強烈に願っているものなのだ。


女性に年齢を聞くのがNGなのは、女性にとっては、年齢と若さと魅力が密接に結びついているから。

これを男性が正しく理解するためには、**男性にとっての「髪の毛」や「勃起能力」が、女性の年齢と同じ**だと考えるとよいだろう。

男性だって、髪の毛が薄くなってくると、増毛したり、カツラでごまかそうとするのではないか。

あるいは、年齢が高くなってきて、勃起能力が弱くなってきたり、インポになってしまうと、それを必死に隠そうとするのではないか。バイアグラに頼ったりするのではないか。

女性にとっての年齢は、まさにそれと同じ。

男性にとっては、「髪の毛の量」や「勃起能力」が〝男らしさ〟や〝魅力〟と結びついているから、それらを失ってしまうと、あたかも男性としての価値が下がってしまうように感じられてしまうのである。女性にとっては、それが年齢に当たるのだ。

男性のみなさんだって、「○○さんって、カツラですよね？」と指摘されたら、不愉快な思いをするであろう。女性もそうで、「○○さんって、今年、43歳？」などと言われると、やっぱり気分が悪いのだ。

女性の会話は、基本的に「無目的」であると心得よ

女性としゃべっていると、結局、何を言いたいのか、何を望んでいるのか、さっぱりわからないということがよくある。男性からすると、その会話の目的がよくわからないのだ。

しかし、これは、**男女のコミュニケーションがそもそもまったく異なるから**である。

心理学では、特定の目的を達成するために、相手に働きかけるコミュニケーションを、**「道具的コミュニケーション」**と呼んでいる。そして、男性のコミュニケーションは、基本的に道具的コミュニケーションなのである。

「今週の会議に提出する書類を作成してもらえませんか？」

「最寄り駅から御社までの道を教えてもらえませんか？」

というように、会話にはきちんとした「目的」があるのが、男性のコミュニケーションの特徴である。

では、女性はどうなのか。

実は、**女性の会話には、まったく「目的」などはない。**ただ、おしゃべりすることと自体を目的としている。こういうコミュニケーションは、**「自己完結的コミュニケーション」**と呼ばれている。女性が、中身のない話、オチのない話をするのは、それが自己完結的コミュニケーションだからである。

「私、髪の毛切ろうかな〜」
「そろそろ秋物の洋服出そうかな〜」
「芸能人の○○ってカワイイよね〜」

そう、女性の会話は、基本的に、「独り言」と同じようなもので、深い意味などは何もないのである。そのため、必死にその会話の目的を探ったりしていると、男性は疲れ果ててしまうのである。

女性の会話には、あまり目的がないのだなと思えば、いいかげんに聞き流すこともできるようになる。そのほうが、女性との会話で疲れることはない。「うん、うん、そう、そう」と適当な相づちを打っているだけで、けっこうなんとかなってしまうのが、女性との会話である。

女性は、もともと自己完結的コミュニケーションをしていて、目的がないのであるから、かりに女性から悩みの相談を受けたとしても、自分から結論を出してあげたり、アドバイスをしてあげたりする必要もない。

ただ、うなずいてあげていれば十分である。むしろ、女性がまだしゃべっているのに、「〇〇すればいいんじゃないかな」などと早々に結論を出そうとすると、女性は不機嫌になるであろう。

ここがポイント

女性が「年上の男性」を好む本当の理由

みなさんの近くに女性がいるのなら、「年上と、年下と、どっちの男性のほうがいい？」と尋ねてみてほしい。

女性の年齢にかかわらず、たいていの場合には、「絶対、年上！」という答えが返ってくるのではないかと思われる。

男性は、若い後輩に、女性は、年上の先輩に心惹《ひ》かれる、という現象は、どの職場にでも、ごく普通に見られる現象である。

女性は、男性に比べると、精神的に大人っぽい。

だから、同世代くらいの男性だと、子どもに見えて仕方がない。そのため、ちょっと上の男性に心惹かれるのである。

ドイツにあるマックス・プランク研究所のカール・グラマーが、婚活サービスに登録している男性1590名、女性1048名を調べたところ、男性は6歳くらい下の女性を好み、女性は4歳くらい年上の男性を好むことが明らかにされたという。

「自分の好きな年齢差」については、男女でうまくバランスがとれているといえよう。

なぜなら、男性は若い子のほうが好きだし、女性は年上のほうが好きなのであるから。

ここがポイント

もし女性に好かれたいのなら、自分より4歳から6歳くらい若い女の子に声をかけてみるのがもっとも成功する確率が高いといえよう。

それくらいの年齢差であれば、女性のほうも、みなさんに好意を寄せてくれる。少なくとも、同年齢の男性に比べれば、はるかにみなさんのほうが有利であることはいうまでもない。

さらにいうと、**20歳くらい年が離れていても、女性はみなさんに心を許してくれ、うまく付き合える可能性もある。**

電通総研の主任研究員である大屋洋子さんは、大規模な調査に基づいて『いま20代女性はなぜ40代男性に惹かれるのか』(講談社+α新書)という本を書いている。

20代女性と40代男性は、どちらも高いストレスを感じる時期であり、お互いに辛い境遇にあるために親近感を覚えるのだそうである。そのため、20代女性と、40代男性はうまくいくのだという。

私は、女性が４歳くらい年上の男性を好むことを知っていたが、まさか20歳も年の離れた男性は、さすがに恋愛の対象外だろうと思っていたのだが、決してそんなことはないらしい。

そういえば、芸能人でも、ずいぶんとご年配になってから、何十歳も若い女性と結婚をするタレントさんはたくさんいるし、「年の差カップル」というのも、そんなに珍しいことでもないのかもしれない。

方向音痴な女性を逆手にとって気持ちを掴む方法

ベストセラーになったピーズ夫妻の『話を聞かない男、地図が読めない女』（主婦の友社）のタイトルにもなっているので、ご存じの読者も多いと思うのだが、**基本的に女性は地図が読めないし、男性よりはるかに方向音痴である。**

男性は、女性に比べて、空間把握能力が優位である。

女性は、男性に比べると、言語能力が優位である。

そういう男女差があるので、どちらがいいとか悪いという話ではないのだが、女性の大半は方向音痴だと思っていたほうがいい。

たとえば、女性に電話で知らない場所の道を教えようとしても、なかなか理解してくれない。だから男性にするとき以上に、道案内をしてあげるときには気を配ってあげたい。

「まっすぐ歩いて、２つ目の交差点を左に曲がって、そのまま直進して郵便局を右に曲がって……」

などと説明すると、女性は混乱してしまう。

女性に説明するときには、「とりあえずまっすぐ歩いて。２つ目の交差点までだよ」と伝えよう。そして２つ目の交差点にたどりついたと聞いたら、「じゃ、左に曲がってまっすぐ行ってね、そのうち郵便局が見えてくるから」と答えよう。そして、郵便局についたという連絡をもらったら、「それじゃ右に曲がってくれる？」というように、ひとつひとつ指示を分割したほうがいいのである。このような説明でなければ、女性は理解できないのだ。

ここがポイント

女性は、男性に比べると、あまり知らない街をフラフラしたりはしない。

なぜなら、方向がわからなくなるので、不安を感じるからである。

しかし、この心理を逆手にとって女性の気持ちを掴む、という恋愛術もある。

たとえば、**デートをするときには、なるべく彼女が行ったことのない場所に連れていく**のだ。そうすれば、女性は方向がわからなくなり、不安を感じる。不安を感じた彼女は、あなたが手を差し出せば、必ず手を握ってきてくれるであろう。
知っている街を歩くときにも、「こっちのほうが近道だから……」などと言って、裏道などに引っ張りこめば、いきなり女性は方向がわからなくなり不安になる。そういう不安を利用すれば、簡単に手をつないで歩くことができるのだ。

女性を怖がらせて、心細い気持ちにさせて手を握るのは、なんとも姑息《こそく》なやり方のように感じるかもしれないが、「手をつないで歩きたいな」と思うのであれば、そういうやり方もあるのだということを知っておくと便利である。

外回りの営業などをする女性は、一緒にいる男性の先輩を好きになってしまうケースがけっこう多いのであるが、その理由は、知らない場所でも、ずんずん進んでいく男性の先輩が、方向音痴の女性部下にはものすごく頼りがいがあるように感じられるからではないか、と私は思っている。

たいていの女の子は「自意識過剰」だと思え

若い女の子は、自分の顔だちや身体にものすごく自意識が過剰だ。ほかの人は、まったくそんなことは気にしていないのに、本人だけがそう思い込んでしまうようなところがあるのである。

顔に、ほんの少しでもニキビができると、女性のほぼ100%は、「周囲の人たちみんなが、自分のニキビを発見してしまうはず」だと思う。決してそんなことはないのに。

体重が、500グラムでも増えると、「みんな、私が太ったことに気づくはず」「ほっぺに肉がついたことがバレてしまう」と勝手に思い込んでは、ビクビクするのも女性ならではの心理だ。

男性なら、2、3キロくらい増えても自分では気にならないが、女性は、わずか数百グラムでも体重が増えると、その変化に対して自意識過剰に反応するのである。

女性は、髪をほんの少しでも切りすぎたりすると、その変化にみんなが気づくはずだ、恥ずかしい、と思ってしまう。男性は、そういうところには驚くほど無頓着であるのと比べて好対照である。


だれも見ていない、あるいは、だれも気にしていないのに、本人だけがそれを気にしてしまう現象を、心理学では、**「スポットライト効果」**と呼んでいる。まるで、自分のところにだけスポットライトが当たっているように自分だけが注目されている、と思い込んでしまう現象である。

コーネル大学のトマス・ギロビッチは、女子大学生に恥ずかしいTシャツを着せて、しばらく歩いてもらった。

それから、「通りすぎる人の、どれくらいの人が、あなたのTシャツを見ていたと思いましたか?」と尋ねてみたところ、女性は35%の人は自分を見ていただろう、と答えたのである。

けれども、ギロビッチが実際に通りすぎた人に、「さっき、通りすぎた人のTシャツを見ましたか?」と尋ねてみると、実際には24%の人しか、おかしなTシャツに気づかなかった。

私たちは、ほかの人のことなど、本当はあまり気にしていないのである。にもかかわらず、女性は、自分が注目されていると思い込んでいる。

ここがポイント

女性には、そういう自意識過剰な側面があるということを覚えておくとよい。なぜなら、鈍感な男はモテないからである。

女性は、１センチでも髪を切れば、みんなが自分の変化に気づくはずだと思っているのだから、「あっ、髪、切ったんだね。明るい感じになったじゃん」などと言ってあげられる男性のほうがモテるわけである。

女性から「笑顔」を見せられても絶対に信用するな

女性は、男性に比べてよく笑う。不愉快な気持ちのときでさえ、女性は笑う。

かつては、「スキンシップ」という名目で、職場の男性が、女性社員のお尻を触るようなことがあったらしいが、本気で目くじらを立てて怒るような女性はあまりいなかったように思われる。「やめてくださいよ〜」と微笑みながら、軽くたしなめる程度だった。

もちろん、昔の女性だって、男性にお尻を触られれば気持ちが悪かったであろう。しかし、女性はこういうときでさえ「笑う」のである。

男性なら、「怒る」ところだが、そうしないのが女性である。

ここがポイント

だからこそ、**女性から「笑顔」を見せられても、それをそのまま解釈してはならないの**だ。女性は、イヤな気持ちのときでも笑うのだから。

女性が、男性よりも笑顔をよく見せるのは、どうやら生まれつきのようである。

カリフォルニア州立大学のマリネラ・ファリスは、生まれてわずか2、３ヶ月の赤ちゃんに対して、ある実験を試みた。

32名ずつの男の子と女の子の赤ちゃんに、お母さんと、まったく面識のない女性とが、それぞれ交互に3分間ずつ話しかけ、赤ちゃんがどれくらい笑うかをビデオで分析してみたのである。

その結果、男の子は、自分のお母さんにはさかんに笑いかけた。男の赤ちゃんは、話しかけられている3分間の間で、12・15秒の笑顔を見せたのである。女の赤ちゃんは、４・35秒であった。

次に、知らない女性が話しかけたときはどうだったたか。このとき、男の赤ちゃんは6・43秒しか笑わなかった。見慣れない顔を見て警戒したからである。ところが女の赤ちゃんはというと、今度は8・68秒も笑いかけたのである。

男の子は、自分の好きな対象（母親）に対しては、好きでない人より2倍も多く笑ったのに、女の子は、好きでもない人に対して、よりたくさん微笑んだのだ。おそらく、**知らない人に対して女の子がよく微笑むのは、そうすることによって相手**

に媚《こび》を売り、ひどいことをされないための戦略なのであろう。

女性は、生後数ヶ月のうちから、もうすでに「愛想のふりまき方」がうまいのである。

愛想をふりまいておけば、みんなが自分をかわいがってくれて、ひどいことをしないであろう、ということを知っているのである。


職場の女性が、ニコニコしていても、それは決して喜んでいるということにはならない理由が、これでご理解いただけたであろうと思う。

たとえば、職場の男性に肩をもんでもらって笑顔を見せる女性は、本当は嫌悪の表情を見せたいのかもしれない。だが、そんなことをするとお互いの関係が悪くなってしまうと思うから、嫌々ながらも、笑顔を見せている、という可能性がある。

男性は、うれしいとき、楽しいときくらいしか笑わない。

けれども、**女性は、嫌悪を感じていてさえ笑う**のである。

そういう意味では、女性の笑顔をきちんと見抜くことがとても大切だといえる。

女性に好かれたいなら、カラフルなものを身につけろ

男性が、どちらかというとシンプルな単色を好むのに対して、女性は、カラフルな多色を好む。

女性にお土産を買うのであれば、単色のお菓子の詰め合わせよりは、さまざまな色をふんだんに使ったお菓子の詰め合わせのほうが喜んでもらえるであろう。女性は、カラフルなものが好きだからである。

男性は、白と黒のモノトーンの絵や写真が好きであるが、女性は、もっとカラフルなものを好む。したがって、部屋に飾るのであれば、男性にとってはちょっとけばけばしいくらいの多色で構成された絵やポスターなどを飾っておいたほうが、女性ウケするのではないかと思われる。

イスラエルにあるテルアビブ大学のレイチェル・カーニオルは、幼稚園児と小学生にお願いして、お絵描きをしてもらった。

その際、何種類の色のクレヨンを使ったのかを調べてみたところ、男の子よりも、女の子のほうが、たくさんの色のクレヨンを使って絵を描くことが明らかにされたという。女の子は、たくさんの色が好きなのだ。

ここがポイント

職場で使う文房具などには、ちょっとだけカラフルなものをまぜてみよう。


カラフルなペンケース、カラフルなファイル、カラフルなお弁当箱を使ってみてほしい。おそらく、女性はそういうものを使っているみなさんのことを「カワイイ」と思うであろう。そして、用もないのに、どんどん話しかけてきてくれるであろう。

女性は、派手な色には注意を惹きつけられる。

そのため、これまでまったく女性から声をかけられたことがないような男性でも、ちょっとカラフルな小道具を準備しておけば、「あ〜、課長、それカワイイですね。自分で買ったんですか？」などと話しかけてもらえるのではないかと予想される。

男子学生が、母親にお弁当を作ってもらうとき、好きな食べ物が入っていれば、あまり文句は言わない。から揚げであるとか、ソーセージなどが入っていればそれで満足できるのである。

ところが、女子学生は違う。赤、黄色、緑など、いろいろな色を使ったおかずが入っていて、カラフルなものにしてね、と母親にきちんと注文を出すのである。見た目がカラフルでないと、食欲もわかないのであろう。

女性に好かれたいのなら、女性ウケしそうな小道具のひとつふたつは、常に携帯しておこう。それがカラフルなものであればあるほど、女性は興味を持って近づいてきてくれる。

女性は、なぜ男性の「稼ぎの多さ」を気にするのか？

男性だって、ほかの男性がどれくらいの収入を得ているのかはそれなりに気になる。しかし、**女性は男性よりももっとシビアに「稼ぎの多さ」に注目している。**

稼ぎが多ければ、男性としても魅力的であるし、お金を稼ぐことができなければ、男性として最低という烙印《らくいん》を押される。女性が男性を見るときの基準は、とても厳しいのである。

２００９年の厚生労働省が行なった「第6回21世紀成年者縦断調査」で、２００９年までの3年間で結婚した男性の割合を見ると、年収４００万から５００万の人が21％、２００万未満の人が11％と、2倍の開きがある。

女性は、年収で相手を選ぶ。

だから、稼ぎの少ない男性は、なかなか結婚できないのである。

ノースウェスタン大学のポール・イーストウィックは、１６０名を超える男女を４分間ずつおしゃべりさせては、どんどん次の人に向かう、というスピーディなデートを実験的にさせてみたことがある。

おしゃべりする時間はわずか４分間であったが、ひと通り全員とおしゃべりがすんだところで、気になる相手と、その理由を尋ねてみた。

その結果、男性はというと、女性を「顔」で選んでいた。

おしゃべりの中身がどうというより、美人の女の子を気に入ったのである。

では、女性はというと、男性の「経済能力」であった。

女性は、おしゃべりの途中で巧みに男性の年収を聞き出し、経済能力が高い男性を気に入ったのである。

ここがポイント

「大切なのは、心や性格だ」とは、よくいわれることである。

しかし、現実には、そうではない。

男性は、見た目で女性を選ぶし、**女性はというと、稼ぎの多さ、あるいは稼ぐ能力があるかどうかで、相手を判断している**のである。

もともと女性は、歴史的に、男性に庇護《ひご》される存在であった。最近でこそ、女性もどんどん社会進出して、自分でお金を稼いでいるが、かつては自分の夫の稼ぎに全面的に頼らなければならなかった。

そのため、稼ぎの少ない夫を選んで結婚してしまうと、自分が苦労をさせられることになるため、シビアに男性の経済能力を判断しなければならなかったのである。「ロクでもない男と付き合ったら大変」と今でも女性は思っている。だから、男性の稼ぎの多さを気にするのである。

「どんなにイケメンでも、性格がよくっても、年収が○○万円以下なら、ちょっとお付き合いするのは難しいですね」

というのが女性の心理であり、ホンネだ。**女性とお付き合いするためには、まず仕事に精を出して、しっかりと稼ぎを得ることがとても重要**だといえるであろう。

女性の目から見ると、男性はみな〝子どもっぽい〟

女性が、なぜ年上の男性に惹かれるのか。

その理由は、**同世代の男の子が、ものすごく子どもっぽく、幼稚で、おバカさんっぽく見えてしまうから**だ。

年上の男性でも、本当はものすごく子どもっぽいのであるが、年上の男性の幼稚さについては、女性は「カワイイ」と思うらしく、そちらはなぜか許容してくれる、という違いがあるだけである。

なぜ、女性は大人びているのであろう。

逆に、なぜ男性は、いつまで経っても子どもっぽいのであろう。

東京都立大学の詫摩武俊さんによると（『伸びる子どものお父さん』光文社）、その理由は、**女の子と男の子が受けるしつけの違い**にあるそうだ。

女の子は、小さな頃から、「それじゃお母さんになったとき、困るわよ」というしつけを受ける。つまり、ものすごく小さな頃から、しっかりするように育てられる結果、男の子に比べて、大人っぽくなってしまうのである。

その点、男の子のほうは、そういうしつけを受けない。「そんなんじゃ、いいお父さんになれませんよ」とか、「立派なお父さんになりなさい」と厳しく言われたりしない。そのため、男の子は大人になるという自覚が非常に乏《とぼ》しいまま、成長していくのである。

女の子は、お人形遊びをしていても、5歳くらいになるともうやめてしまうが、男の子はというと、中学生になっても、高校生になっても、川遊びをしたり、釣りをしたり、カードゲームをしたり、小さな男の子がやるようなことを、いつまでもやり続ける。

俳優の哀川翔さんは、いまだにカブトムシやクワガタムシを育てるのが趣味らしいし、歌手の近藤真彦さんも、メダカの育成が趣味だとテレビで語っていた。男性は、いくつになっても子どものままなのである。

そして、子どものままでいても、だれからも文句を言われない。

ところが、女の子は、違うのである。

女の子は、きわめて早い段階から、大人になることを強要されるのである。だから、女性のほうが、男性よりも大人っぽくなってしまうのだ。

さすがに男性も、社会に出て、厳しい現実と向き合わなければならなくなると、甘さや幼稚さが消えてくるわけであるが、それでも「根っこ」の部分には、子どもっぽいところが残っている。小さな頃に甘やかされた経験は、大人になってからもしぶとく残り続けるのである。

ここがポイント

たいていの男性は、女性に比べると幼稚ではあるが、**女性は「大人の男」を求めているのであるから、なるべく幼稚な部分は隠したほうがいい**かもしれない。

女性が、怒りっぽいのには理由《わけ》がある

ここがポイント

女性は、男性に比べると、普段はとても穏やかで親切であるし、気配りもしてくれる。ところが、そんな女性も、生理中には、とても怒りっぽくなる。男性は女性とは違って生理にならないので、このへんの心理状態は、正直なところ、よくわからないと思う。

しかし、**生理になると、女性はものすごく気分が変わる**のである。

アリゾナ州立大学のレスリー・ジーン・ソーントンは、ツイッターで、「あの日」(time of the month) をキーワードにして生理中の女性のつぶやきを検索してみた。その結果、2211のつぶやきが集まった。

その内容を分析したところ、生理中のつぶやきの88・2%は、身体的、感情的な変調に関連するものであったという。生理中の女性は大変なのだ。

また、生理中の女性のつぶやきのうち、14・2%は、怒り、イライラ感についてのものであったという。

「なんだか、今日の○○さんは、ものすごく怒りっぽいな」
「今日は、ずいぶんと食ってかかってくるんだな」
「今日は、ずいぶんと言葉に棘があるな」

みなさんがそう感じるのであれば、女性は生理中なのかもしれない。**自然な生理的反応として、イライラと怒りっぽくなっているのであるから、悪い印象を持つのはかわいそうである。**

生理中の女性の心理について、少しでも共感したいのであれば、「ものすごくひどい花粉症」の時期の自分について考えてみるとよい。

朝からずっと気だるくて、身体も微熱っぽい。頭も朦朧《もうろう》とするし、イライラしてしまう……。そういう状態が、女性の場合には、月に一度、やってくるのである。気がめいるのも当然だといえよう。

職場の女性が、イライラ、カリカリしているようなら、ひょっとすると生理中で、普段とは違う状態なのかもしれない。

そんな場合には、ラクな仕事をまわしてあげるとか、残業を代わりにやってあげるとか、ちょっと外出させて気分転換をさせてあげるとか、そういう気配りをしてあげたい。

男性は、女性とは違って生理に悩まされることはない。そのため、生理中で仕事の能率が悪い女性をつかまえて、「もっと一生懸命に、仕事をしろ！」などと怒鳴ってしまうこともある。

男性だって、風邪気味であるとか、花粉症がひどい状態なら、普段通りの仕事などできるわけがないのだし、生理中の女性はそういう状態にあるのであるから、いつもよりもやさしい言葉をかけてあげるのが正しい。

COLUMN 男性はイヌが好き、女性はネコが好き

男性は、従順な女の子が好きである。もともと日本人の男性にとっての理想の女性といえば、従順で自分を立ててくれるような女性である。

動物でいえば、イヌが好きである。

イヌはご主人さまの言いつけをきちんと守るし、とても従順なペットである。ご主人さまが帰ってくると、尻尾を振ってお迎えもしてくれる。そういう姿は、男性にとってはとてもかわいらしいと思える。

ところが女性は、自分を束縛するような男性を嫌う。

自分を自由にしておいてくれて、余計な命令などはせず、ただ放っておいてもらったほうがうれしい。

女性は、動物でいえばネコなのだ。

ネコだって、イヌと同じようにご主人さまにかまってもらえれば喜ぶが、それは

あくまでも自分がかまってほしいときだけ。ご主人さまの都合でなく、自分の都合に合わせてくれないと、ネコはとても嫌がる。

こういう男女の心理を考えると、ひとつの仮説が成り立つ。

つまり、男性は、ペットでもイヌが好きで、女性はネコが好きなのではないか、と。

結論から言ってしまうと、この仮説はその通りなのである。米国ミルズ大学のアライン・キッドは、３００名の男女にどんなペットが好きかを尋ねてみた。すると、男性は63%が「イヌが好き」と答え、29%が「ネコが好き」と答えた。一方、女性は、48%が「イヌが好き」と答え、41%が「ネコが好き」と答えたという。

男性は、圧倒的にペットではイヌを好む。男性は、従順なタイプが大好きなことを考えれば、これは不思議なことではない。

女性も、男性と同じくイヌが一番人気であった。しかし、それと同じくらいの割合で、ネコも好きなのである。男性が、明らかなイヌ好きであるのに対し、女性のほうは、イヌもネコも、という感じである。

ともあれ、この結果は、「男性はイヌが好き、女性はネコが好き」という仮説を部分的には支持しているといえるだろう。

自由気ままが好きな女性は、自由気ままに行動しているネコに対して、自分自身の姿を重ね合わせてみるのであり、ネコに対しては共感できるのではないかと思われる。

第4章

職場の女性たちと仲良く付き合うための基本ルール

女性の部下には、男性部下の3倍、声をかけよう

女性は、コミュニケーションの回数で相手の愛情を推《お》し量《はか》るところがある。声をかけられる頻度《ひんど》が少ないと、「私のことなんて、どうでもいいのね」と思い込むし、声をかけられる頻度が高いと、「あら？　私のことが好きなのかな？」と思い込むのだ。

もしみなさんに部下がいるとして、男性の部下には、1回だけ声をかければ十分である。男性は、そんなに声をかけられなくともまったく気にしないのだ。さすがに挨拶もせず、無視していたら気分が悪いだろうが、それなりに声をかけていれば問題はない。

ところが、女性の部下に対しては、その3倍は声をかけるようにしたい。

ここがポイント

男性の部下には1回だけ声をかければいいが、女性部下には3回声をかけよう。

そうすれば、女性部下はみなさんに心を開いてくれる。

「なんだか面倒くさいな」

「なんだよ、男性の部下と同じじゃ、マズイのか？」

と思われるかもしれないが、**コミュニケーションの量を増やすことが、とにかく女性と仲良く、円満な関係を築くための秘訣**である。

女性は、男性に比べて、コミュニケーションが大好き。

メールの頻度も、電話の頻度も、対面での会話でも、女性は男性の3倍のコミュニケーションをしている。とにかくコミュニケーションが大好きなのだ。

ノースイースタン大学のジャック・レヴィンが調べたところ、女性は、男性よりもはるかにほかの人のゴシップについておしゃべりするし、話題もいろいろであったという。女性は、おしゃべり自体を楽しむのである。

勤務時間中なのだから、なるべく私語を慎まないと。

仕事に関係のない話は、なるべく慎まないと。

そういう態度は立派であるが、それでは女性部下は納得しない。女性部下に対しては、そういう態度で臨んではいけないのである。

仕事以外の話でも、どんどん積極的に声をかけよう。そうやってコミュニケーションの単純な総量を増やすだけでも、みなさんは上司として女性部下から慕《した》われる存在になるであろう。

男性の目線で言うと、女性同士の会話に聞き耳を立ててみると、本当に「どうでもいいような話」をしているように感じられる。

しかし、女性はそういうおしゃべりで満足できるのである。

仕事に関連する話だけをしていたら、女性部下は不満を募《つの》らせる。もちろん、マジメに仕事をすることは大切だと思うが、人間的な部分での触れ合いがなければダメである。そして、そのためには、積極的に雑談や世間話をしなければならないのだ。

女性は「仕事の中身」より「職場の人間関係」を重視する

同じ社会人でも、男性と女性とでは、そのウエイトの置き方に違いがある。

男性にとっては仕事の中身がすべてであり、どうすれば出世できるのか、どうすれば自分のキャリアを磨けるのか、ということにウエイトが置かれるが、女性は仕事はどうでもいいと思っているわけではないのだが、男性以上に、「人間関係」を重視しているという違いがある。

若い女性社員には、**「ランチメイト症候群」**と呼ばれる悩みがある。

これは、精神科医の町沢静夫さんによって命名された用語で、お昼ごはんを一緒に食べる人がいないと寂しいというのである。実際、お昼を一緒にしてくれる友だちがいない、という理由で会社をやめる女性もいるらしい。

男性は、別にお昼くらいひとりで食べても、まったく気にならないかもしれないが、女性にとっては大問題なのである。

男性だって、職場や社外での人間関係を重視していないわけではないのだが、それでもやはり、「男は仕事の中身で勝負」というところがあり、女性ほどは人間関係を重視していない。

ここがポイント

女性は、男性が思っている以上に職場の人間関係に敏感だ。

だから、職場の人間関係についての噂話やら、ゴシップをたくさん知っているのである。そういうところにまで気を配らないと、落ち着かないのであろう。

カナダにあるカールトン大学のローレイン・ダイクは、さまざまな事業で成功した男女にアンケートをとり、「あなたが成功した理由は?」と尋ねてみた。

すると、「人間関係」を第1位に挙げたのは、男女ともに共通していたのだが、男性が30%にとどまったのに対して、女性では45%であったという。

女性にとっては、人間関係をうまくやることが仕事の成功にも結びつきやすいといえるであろう。

女性が、勤務時間中にぺちゃくちゃとおしゃべりをしていると、男性、特に男性の上司などは、彼女たちが本気で仕事をしていないように思えて、イライラさせられるかもしれない。

しかし、彼女たちは雑談をすることによって、お互いの関係性を深めているのであり、決して余計なことをしているのではないのだ。

そういうところで同僚の女性たちに嫌われたりすると仕事がやりにくくなるので、仕方なく雑談をしているのだ、と温かい目で見守ってあげよう。

特に女性の場合は、同性の女性から嫌われると、男性以上に陰湿ないじめを受けやすいという問題もある。

いったん仲間外れにされると、どうにもならないのが女性同士の関係であり、そうならないようにちょこちょことコミュニケーションをとって、円満な関係が崩れないようにけなげな努力をしているのが女性なのである。

アパレル関係の女性との、合コンを成功させる方法

「女の子は、美しくなければならない」

という社会規範がある。だれかから圧力を受けたわけでもないのに、**女性のほぼ100％は、「美しくならなきゃ！」という目に見えないプレッシャーを感じている。**

これが社会規範である。

男性は、男性で、「強くなければならない」「男らしくなければならない」「礼儀正しくあらねばならない」といった社会規範の影響を受けている。


さて、この社会規範であるが、業界というか、職場によっては、さらに強調されることがある。

それは、美しさを追求する、アパレル関係、化粧品関係などで働く女性たちだ。

彼女たちは、ほかの業界に比べて、さらに強く「美しくあらねば」という社会規範にさらされている。

カナダにあるウィンザー大学のレスリー・ワデル‐クラルは、アパレル関係で働く女性と、普通の女子大学生のそれぞれに、アンケートを実施した。

すると、アパレル関係で働く女性は、自分の身体についての興味・関心が高く、しかもたくさんの不満をあげた。また、彼女たちは、ダイエットや健康関連についての話題への関心が高かったという。

彼女たちは、知らないうちに職場の雰囲気の影響を受け、「美」に関連することには、ものすごく敏感になっているといえる。

ここがポイント

もしみなさんが、アパレル関係の女性と合コンをすることになったとしよう。

そんなときには、事前にあらかじめ、**彼女たちが喜びそうな最新のダイエット法であるとか、美人の女優さんが実践しているトレーニング法であるとか、健康増進法であるとか、そういう話題をたくさん仕込んでおくとよい。**

もともと彼女たちは、そういう話題への関心が高いわけだから、ものすごく真剣にみなさんの話を聞いてくれるであろう。

女性に好かれたいのなら、女性以上に、「美」に関する知識を仕入れておくことは重要だ。

女性は、そういう話題が大好きなのである。アパレル関係の女性は特にそうだが、普通の女性も、「美」に関する知識には絶対にすぐ食いついてくる。

幸いなことに、私は心理学者であるから、女性が好きそうな「美」に関する知識をたくさん知っている。そのため、女性との会話がそれほど苦ではないというか、得意なほうである。

「知ってる？　女の子は、顔の左側のほうがキレイなんだよ。ルネサンス以降に書かれた女性の肖像画を調べてみるとね、60％以上が、左斜めから描かれてるんだ。そうすると女の子の美しさが際立つことを画家も知っていたんだろうね。キミも写真を撮られるときには、左側を見せるといいよ」

こんな感じのことを教えてあげると、たいていの女の子は、身を乗り出すようにして、「もっとほかにないの？」と聞いてくれるのである。

女性にお酒を飲ませるときには、「お猪口《ちょこ》」を使え

ここがポイント

女の子には、お酒をあまり勧めないほうがいい。

男性に比べ、女の子にはお酒に弱い子も多いし、知らない男性の前では酔っ払いたくない、という警戒心や自己防衛の気持ちが働くからだ。

とはいえ、女の子がソフトドリンクやウーロン茶ばかり飲んでいては、飲み会自体が盛り上がらなくなってしまう。やはり、ちょっぴりはお酒も口にしてもらいたい。

そんな場合には、どうするか。

まずは、お店の人に頼んでお猪口を持ってきてもらおう。

そして、**お猪口で少しだけお酒を口にしてみたら、と誘ってみる**のである。

お猪口なら、お酒が入る量は、きわめて少ない。しかも、女の子たちも、「これ

くらいなら大丈夫かも？」と思うので、心理的に飲みやすい。あまりお酒が飲めない子も、「こんな量なら、飲まないと悪い」という心理になる。

しかも、お猪口で飲むと、酔いはまわりやすい。ストローでビールを飲むと、少量で酔っ払ってしまうのと同じである。だから、お猪口で、2、3杯でも飲んでもらえれば、十分に酔っ払ってくれるので、場が盛り上がる。

もともと女性は、男性に比べて警戒心の塊《かたまり》のようなところがある。そんな女性に、いきなり強いお酒などを勧めたら、断られるに決まっている。だから、ソフトドリンクは別に頼んであげて、自分のほうのお酒を、お猪口でちょっぴりおすそわけするくらいでいいかもしれない。そのほうが、心理的なハードルが低くなって、女性もお酒を飲んでくれる。

そのうち酔っ払えば、普通のグラスでお酒を注文してくれるかもしれない。どんなお願いでもそうなのだが、**女の子には、いきなり大きなお願いをしてはならない**のである。

女の子にお酒を飲ませようとすると、「私を酔っ払わせて、どうするつもりなんだろう？」とたいていの女の子は思っている。女性は、男性に基本的に不信感を持っているのだから、これは仕方がない。
だから、そういう不安を払しょくしてあげるためには、できるだけ小さなお願い事をしたほうがいいのである。

心理学では、相手が断りにくいような、ものすごく小さなお願い事からスタートすれば、その後に、もっと大きなお願いも応じてくれるようになることが知られており、こうした技法は、**「フット・イン・ザ・ドア・テクニック」**（踏み込み法）と呼ばれている。

女の子に、「もっとお酒を飲みなよ！」と無理強いすればするほど、女性は引く。だから、そういう無理強いはしてはならない。それよりも、「お猪口でいいから、このお酒の味見をしてごらんよ」と小さなお願いをしたほうが、女性も気軽に応じてくれるのである。

会話がうまくいかないのは、9割があなたの自滅によるもの

職場の若い女の子との会話が苦手だという男性がいる。30代、40代になると、たしかに10代の女の子とは、共通の話題が見つからないかもしれない。

けれども、そもそも会話というのは感性がベースになっている。**モノの感じ方、考え方が似ていれば、話は通じ合う。だから相手が若い子だからといって、そんなに心配するようなことでもない。**

「俺にはお姉ちゃんがいて、二人姉弟なんだけど、ものすごくお兄ちゃんがほしかったな」

とでも言えば、女の子のほうも、

「私もそうです。弟がいるんだけど、やっぱりお兄ちゃんがほしかったんですよ〜♪」

などと会話が盛り上がるものである。

たしかに、最近のテレビドラマであるとか、最新の流行曲であるとか、そういうものに関しては、若い子と話ができないかもしれないが、どういうジャンルの番組が好きなのか、どういうジャンルの音楽を聞くのか、といった「モノの感じ方」については、いくらでも共感できるはずであり、会話もできるはずなのである。

ここがポイント

会話がうまくできないのは、たいていの場合は、自滅。


「職場の若い女性とは、会話などできるわけがない」と思い込んでいるから、会話ができなくなるのである。つまらない思い込みを持っていることが、会話をできなくさせているのである。本当はできるのに、「できない」と思い込んでいることが、すべての元凶だ。

オレゴン大学のジョアン・クラークは、女性との会話に不安を抱いている男性12名と、そういう不安をまったく感じていない男性12名にお願いし、女性と5分間のおしゃべりをしてもらった。

5分が経過したところで、女性とのおしゃべりについて尋ねてみると、不安の高い男性グループからは、ネガティブな感想ばかりが出てきたという。

「彼女は、きっと僕の話に退屈したはずです」
「僕の振る舞いは、どこかおかしかったと思います」

このような感想が続出したのだ。

けれども、女性は決してそんなふうには感じなかった。ごく普通のおしゃべりができたと感じていたのである。

会話の不安の高い男性は、自分の欠点ばかりを考える。しかし、女性はそんなふうには思わないのだから、心配はいらないのだ。

年齢が違えば、それなりにジェネレーション・ギャップはあるだろうし、共通の話題が見つからないこともあるだろう。

しかし、大切なのは話題自体ではなくて、「自分のモノの見方、感じ方」なのであるから、そんなに不安に感じる必要もないのである。

丁寧な言葉づかいができる男性こそが、女性にモテる

社会人になると、言葉づかいを厳しく指導される。

学生が使う言葉は、一般に汚い。そういう汚い言葉を使っていると、自分の品性までもが疑われてしまう。だから、社会人になりたての頃には、ものすごくうるさく言葉づかいを指導されるわけである。

女性は、基本的に、汚いものが大嫌いである。

汚い部屋、汚いトイレ、汚いお風呂、汚い飲食店。

そういうものを、女性は生理的に非常に嫌う。

その嫌悪感は、言葉づかいにまで波及する。**言葉づかいの汚い男性は、「汚い男」ということで、やはり嫌悪されてしまう**のだ。

ここがポイント

アメリカ・カトリック大学のルイス・パラダイスは、同一人物に、汚い言葉と、そういう言葉を使わないでおしゃべりするビデオを2種類作って、それを72名の大学生に見せてみた。

すると、やはり汚い言葉を使っていると、それだけで印象が悪くなってしまうことを突き止めている。

男性も、汚い言葉を使っていると、なんとなく不愉快さを感じるであろうが、女性が感じる不愉快さは、もっと高いと思っていたほうがいい。それくらい言葉づかいには注意したほうがいいのである。

また、**女性と話すときには、できるだけ丁寧な話し方をしよう。**

「どうも」

ではなく、

「どうもありがとう」

のほうが好印象を与えるし、

「お疲れ〜」

よりも、

「お疲れさまでした」

のようにやや改まった感じで言ってあげると、品のある男を印象づけることが可能だ。

たとえ自分のほうが先輩であるとか上司であっても、女性に対しては、「おはよう」というより、「おはようございます」と「ございます」をつけると、とてもさわやかな印象になる。女性はそういうさわやかさのある男性に心惹《ひ》かれるものである。

「超ヤベエ」とか、「腹減ったから、メシ食いてえ」といった言葉を使っていたら、女性にはまったく相手にされなくなるであろう。

女性とのおしゃべりは、ただ「同調」してあげていればよい

女性とのおしゃべりでは、ただただ相手の言っていることに「同調」を示せばよい。断じて、自分なりの意見や感想は慎むべきである。ましてや、反論などもってのほかである。**女性は、反論や批判をものすごく嫌う**からだ。

たとえば、「もっと痩《や》せたいんだよね」と言っている女性がいるとしよう。

彼女が、「痩せたい」という願望を持っているのなら、それをそのまま受け入れてあげるのがよく、痩せることが医学的にどんなに悪いことなのかを語ってしまうようでは、女性とは絶対にお付き合いできない。

「○○ちゃんは、全然、太ってないよ」という、軽い反論でも女性は納得しない。自分がどれだけ太っているのかということを、さらに熱く語られるだけである。男

性の目線で「太っている」というと、大変な肥満を指すのであるが、女性の目線で、「太っている」という言葉は、まだまだガリガリに痩《や》せているわけではない、という意味である。

「森にいるときに海の話はするな」という戒めは、相手の話題に合わせろ、ということである。余計なことは言わず、ただただ聞き役に徹するのが正解である。

アラバマ大学のロザンナ・グアダノによると、女性は、会話のときに相手の意見にあまり反論などはせず、そのまま受け入れることが多いのだそうである。女性同士の会話では、お互いに相手の話を受け入れ合って、ケンカなどはしないのだ。

女性は、「こんなことを言ったら、相手を傷つけてしまうかも？」と考えるので、不用意に反対や反論などをしないのである。

こういう気配りは、男性のみなさんも見習おう。

ここがポイント

女性が何かをしゃべっているときには、「なるほどね」とそのまま受け入れてあげるだけでよく、「それって、ちょっとおかしくない？」などと反対してはならないのだ。

いや、これは相手が女性でなくとも、ぜひとも身につけたい会話の心構えである。

嫌われる男性は、とにかく相手の意見にすぐ反対する。

「どこそこのラーメンがおいしい」としゃべっている人がいるとしたら、「へぇ、今度、僕もそのお店に行ってみよう」とでも適当に答えておけばいいのに、「おいしいラーメン屋なら、俺のほうが詳しい！」などと息巻いて反対してしまうのである。こういう人間は、たいてい周囲の鼻つまみ者になる。

女性が、カラスを見て「白」と言えば、「そうだね、白だね」と言うのが正解である。自分には「黒」にしか見えなくとも、相手が「白」と言えば、「白」と同調しておけばいいのである。しょせんはただの会話なのだから、ムキになって張り合おうとしなくてもいいのだ。

厚化粧の女性は、「自分に自信がない女性」と思え

女性の化粧の厚さは、自信のなさのあらわれである。自分に自信があれば、化粧によって「化ける」必要がないわけで、化粧をするにしても、ほとんどノーメイクのような化粧ですませてしまう。

ところが、自分に自信がない女性は違う。

彼女たちは、自信のなさを化粧によって補おうとする。そのため、いきおい化粧がとても濃くなってしまうのである。

ここがポイント

仕事がらみで女性に会う約束をしたとき、厚化粧であったら、「あれっ、どこか自信がない人なのかな?」と思っていいであろう。

かつて女子高生の間では、「ヤマンバメイク」という、とんでもない厚化粧が流行ったことがあったが、心理学的に言うと、ああいうメイクを好んだのは、自分に

自信のない女の子たちだったたであろう。

勉強でも、スポーツでも、何でもいいのだが、自分に自信のある女の子なら、そんなに化粧を必要としない。心にどこか悩みや問題を抱え、自信をなくしている女の子がヤマンバメイクに飛びついたのではないか、と推測できる。仕事の自信がない人も、当然ながら厚化粧の傾向がある。

米国オールド・ドミニオン大学のトーマス・キャッシュは、女子大学生の化粧の濃さと自信についての関連性を調べ、厚化粧の女の子ほど、自信がないことを明らかにしている。

そういう女の子は、厚化粧を落としたときに、自信も落ちてしまうこともキャッシュは明らかにしている。


年齢でいうと、女性は年齢が上がるほどに、化粧も濃くなっていく。

それは、「若さ」を喪失するにつれて、「自信」も喪失していくため、それを埋め合わせるための補償行動として、厚化粧になっていくのであろう。

「すっぴんを見られるのが、恥ずかしい」と言う女性は多いが、そうはいっても、あまり心に悩みがなく、自信のある女の子なら、すっぴんでも平気であろう。

「○○ちゃんって、すっぴんになると、どんな感じになるの？」

と質問してみて、「う〜ん、あんまり変わんないよ」と答えるような女の子なら、心に屈託を抱えていない、幸せな子なのであろう。

「絶対、すっぴんなんか見せられない！」と言う女の子は、どこか自分に欠点やコンプレックスを抱えており、それゆえ自信をなくしている可能性が高い。

最近では、若い男性もファンデーションを塗ったり、メイクをしているようであるが、そういう男性も女性と同じで、おそらくはあまり自分に自信がないのではないかと思われる。

女性部下に愛されたいなら、彼女の「悲しみ」に理解を示そう

女性は、男性に比べて、ものすごく繊細な心を持っている。

女性の部下を叱ったところ、いきなり大泣きされてまごついた、という経験がある男性上司もいるであろう。

男性の部下と同じように接していたら、そういうことになるのは当たり前である。男性の性格は大雑把だし、たとえ怒られてもそんなに気にしないが、女性はそうではないのだ。

日本語で、「女々《めめ》しい」というと、すぐに涙を流し、メソメソしてしまう人間を指す。この言葉には、「女」という言葉が2つも入っているところからわかるとおり、**女性のほうが男性よりもはるかに悲しみには敏感**だ。

アメリカ国立精神医学研究所で、悲しいことを思い浮かべたときの脳の状態を調

べる実験がなされたことがある。

その結果、悲しいことを思い出す脳の領域は、女性のほうが男性よりも8倍も広かったという。女性は、男性より8倍も涙もろく、悲しみに敏感だと言ってよいであろう。

「どうして、こんなことで泣いちゃうかなあ？」

と男性は思うかもしれないが、それは自分に当てはめて考えているからだ。

女性は、男性よりも悲しみにはもともと敏感なのである。だから、泣いてしまうのも仕方がないし、そういう女性には理解を示してあげなければならない。

女性の心理に理解がない男性上司は、「女は、すぐに泣くからイヤなんだよ」と思うであろう。

しかし、女性が悲しみに敏感であるのは、それだけ繊細な心を持っているからであり、**そういう繊細な心があるからこそ、男性が見落としてしまうような気配りができる**ということを忘れてはならない。

アムステルダム大学のアグネッタ・フィッシャーは、職場で男性が泣いてもあまりネガティブに評価されないが、女性が泣くとものすごくネガティブに評価される（特に、「仕事ができない」と評価される）ことを突き止めている。

男性は、泣いても許されるのに、女性は許されないという不合理があるわけだ。女性は、そういうかわいそうな状況に置かれていることを考慮し、しかも、女性のほうが悲しみに敏感な脳を持っていることも考慮してあげよう。それが男性のやさしさではないだろうか。

ついでに言っておくと、「悲しみ」の感情というのは、「怒り」や「喜び」の感情と違って、判別するのが難しい。

そのため、相手はすでに十分に悲しんでいるのに、さらに叱責をつづけてしまって泣かせてしまう、ということになりやすいことにも注意を払おう。

ここがポイント

女性を叱るときには、慎重に言葉を選んで、しかも一言、二言でさらりとすませてあげるのがスマートな上司である。

あまりにもやさしすぎる男性を、女性はあまり好きではない

女性は、基本的に、親切で、やさしい男性が好きである。

しかし、それもあくまで程度問題であって、**あまりに優しすぎる男性も、女性はホンネでは煙たいと思っている。**


たとえば、まだグラスに半分くらいお酒が残っているのに、「ねえ、ねえ、次、何飲む？」などと言ってくる男性を、女性は嫌う。

女性は自分のペースで飲みたいのであって、ムリやり飲まされたくはないのだ。

だから、まだグラスにお酒が残っているうちに、「次は何？」と聞かれると、うんざりするのである。


職場のみんなでカラオケに行ったとしよう。

女の子の中には、カラオケの雰囲気だけが好きで、歌うのが嫌いな子もいる。みんなで盛り上がっている場にいられればそれでいいのである。にもかかわらず、そういう子にムリに歌わせようとする男性がいる。

男性の心理からすれば、「ははあん、この子は遠慮しているんだな。じゃ、ちょっと強引に歌わせてあげよう」と思っているのかもしれないが、単なるおせっかいを超えて、嫌がらせである。

クラブに行くのは好きだけど、踊るのは好きではないという女の子もいる。そういうときにも、ムリに踊ろうと誘うのは、やはりおせっかいになるであろう。

男性は、基本的に女性にはやさしくしようとする。

しかし、**女性はというと、そういう「やさしさ」がうっとうしいと思っていることも少なくない**のだ。

ベルギー南東部にあるリエージュ大学のマリエル・デュモンは、男性のやさしさを女性が嫌うこともあると指摘している。

女性も、人間なのである。

男性だって、あまりにおせっかいをされたら、うっとうしいと思うであろうが、女性もそうなのだ。

もし親切な上司から、「キミはまだ若いんだから、その辺に座ってなさい。僕が全部の仕事をやってあげるから」と言われたら、どうだろう。「ありがたいな」と思う半面、その度合いがひどいと、やはりそのやさしさが憎らしくなってくるのではないだろうか。女性もそうなのである。

ここがポイント

女性に親切にするのはいいが、それはあくまで「ちょっぴり」でよい。親切にすればするほど、やさしく接すればするほど、女性はみなさんのその親切とやさしさをうとましく感じてくるのである。

女性同士のケンカは、なぜ陰湿化するのか？

小学生くらいの男の子は、カッとなるとすぐに手をあげる。そのため、殴り合いをすることも少なくない。女の子はというと、さすがに男の子のように取っ組み合いのケンカをすることはあまりないようだ。

では、女の子同士はケンカをしないかというと、そうではない。

むしろ、女の子同士のケンカというのは、男の子のように表面化しないだけ、陰湿なものになる傾向がある。

男の子のケンカは、殴り合いが終われば、すぐにからりとした関係に戻る。つまり、そんなに尾を引かないのである。

ところが女の子のケンカは違う。小学校が終わり、中学校になっても、何年間もずっと持続するのである。**女の子は、いったん嫌いになった相手のことを許すとい**

ここがポイント

うことをあまりしないらしい。

米国テネシー州にあるローズ大学のマーサ・ウォルトンは、３００名を超える小学生に、ほかの子どもとケンカをした経験について尋ねてみた。

すると、男の子のほうはというと、女の子よりもひどい暴力を受けていることがわかった。歯が抜けてしまったり、頭から血を流すようなケンカを男の子はするのである。

けれども、男の子は、からっとしているというか、ケンカが終わった後に、相手のことを悪く言ったりすることは少なかった。ケンカが終われば、そこで終わりであった。

ところが女の子のケンカは違った。その場のケンカが終わったように見えても、水面下でいつまでもムカムカした感情がつづき、相手を誹謗《ひぼう》中傷したり、相手の持ち物を隠したり、仲間外れにしたりと、いつまでもケンカの状態を継続しようとしたのである。それだけ執念深いといえる。

男同士では、ケンカが身体的な暴力によって行なわれるため、殴った後では、意外とスッキリしてしまうのかもしれない。その点、暴力を伴わないケンカをする女の子は、怒りが十分に発散されず、いつまでも怒りが継続しつづけてしまう可能性がある。

こういう傾向は、大人になってからも見られる。

男性は、気に入らないことがあると、大声で怒鳴り散らすが、すぐに元に戻って、「さっきは、言いすぎた。ごめん」ですませてしまうし、怒鳴られたほうもそのうちに忘れてしまう。

ところが**女性同士のケンカは、長く尾を引く。**

いったん職場の中に、女性同士の派閥というか、仲間グループができあがってしまうと、ほかのグループの女の子とはまったく口をきかないような状態が普通にできてしまう。

本当は、女性も男性のように大声で怒鳴ったりすれば、怒りが発散されて気分もスッキリするのかもしれないが、女性は女性らしくしなければならないという気持ちがどこかにあって感情を抑制してしまう。そのため、怒りがいつまでも発散できないのである。

きちんと謝れない男は、女性部下から嫌われる

妻から、「あなたって、ホント稼ぎが少ないよね」と言われたとき、たいていの男性は、「悪かったな！」と怒ってしまう。しかし、これでは夫婦ゲンカになるだけだ。

妻から「稼ぎが少ないね」と嫌味を言われたときの正しい対応は、「迷惑をかけるなあ、もう少し待ってくれたら、倍も稼ぐようになるからさ」と謝ってみせることである。

男性は、自尊心の塊。

そのため、女性のように、素直に頭を下げてお詫びをすることがヘタである。

ここがポイント

しかし、**女性に好かれたいのなら、きちんとお詫びができるような人間を目指したい。**女性は、そういう男性に弱いのだから。

イスラエルにあるベングリオン大学のタマール・ウォルフィッシュは、「デビッド」（男性）、または「レイチェル」（女性）というマネジャーが、会議をすっぽかしてしまったが、翌日にきちんとお詫びをする、というシナリオの文章を作って、それを780名に読ませてみた。

それから、お詫びをする人物に、どれだけ好意を感じたのかを尋ねてみると、男性である「デビッド」がお詫びをしたときに、好意的な評価がなされたことを突き止めている。

男性、特に、地位の高い男性は、お詫びをしないのが普通である。だから、そういう男性がお詫びをすると、コントラストが働いて、好感を与えるのであろうとウォルフィッシュは分析している。

たいていの男性は、素直に謝ることをしない。しないというか、できない。自尊心やプライドが邪魔をして、頭を下げられないのだ。

だからこそ、みなさんは女性にも素直に謝れるような人間を目指そう。そうすれば、「あっ、この人は、ほかの男とちょっと違う！」と見直してくれるにちがいない。

地位が上の人は、下の人に対して、横柄な態度をとる。

そのため、たとえ下の人に迷惑をかけても、謝らない場合がほとんどである。

しかし、たとえ自分の立場が上であろうが、きちんと頭を下げることができれば、部下からももっと信頼されるであろう。部下に嫌われる上司は、お詫びができない人間である。**特に、相手が女性の部下のときには、絶対に謝っておいたほうがいい。**

好かれる男性は、自分が悪いと思えば、きちんと謝ることができる人だ。

たとえば、子どもとの約束を破ってしまったときも、

「ホントにごめんな。父さんも、悪いと思ってるんだよ。今度は必ず約束を守るから」

と頭をぺこりと下げられるような父親のほうが、相手が子どもだからと謝りもしない父親に比べて、ずっと好ましい。

男の目にさらされていると、女性はどんどんキレイになる

不思議なものであるが、**女性は、男性に見られれば見られるほどにキレイになっていく。**女性の歌手も、女優も、グラビアアイドルも、地方から出てきたばかりのデビュー当時より、数年経ったときのほうが、絶対にキレイになっている。

男性ばかりで、あまり女性がいない職場もそうである。

そういう職場で働く女性のほうが、おそらくはキレイになっていくのではないか、と心理学的には予想できる。

米国セント・メリーズ大学のベッティーナ・スペンサーは、男性の目にさらされる共学に通う女子大学生と、女性だけしか入学できない女子大の学生の体型についての意見を調べてみたことがある。

その結果、共学の女子大学生のほうがスレンダーであることを重視しているのに

対して、女子大に通う女の子はというと、別にぽっちゃりでもかまわない、という答えが多く見られることが判明した。

「別に、女の子同士なんだから、そんなに気をつかわなくたっていいじゃない」と考える女子大の女の子は、共学の女の子に比べて、ぽっちゃりであってもへっちゃらなのであろう。

それがいいかどうかという問題は別として、女子大の子のほうが、「手抜き」ができるということである。

ここがポイント

女性は、男の子に見られていないと、化粧も手抜きをするし、ダイエットもしない。

その必要性を感じなければ、面倒なことはしない。

たしかに、男性の目にさらされるのは、女性にとってはストレスフルなことなのかもしれないが、そういうストレスがあるからこそ、「もっとキレイにならなきゃ」という意識が高まるのではないかと思われる。

ただし、これは女性だけでなく、男性にも当てはまる。

男性だけでつるんでいると、別に服装のオシャレにもこだわらなくなるし、髪型だってボサボサでもそんなに気にならなくなるであろう。ヒゲもそらず、口臭、体臭にもそれほど気をつかわなくなる。

したがって、男友だちとだけ遊んでいると女性に相手にされなくなり、女性に相手にされないものだから、さらに男友だちとばかりつるむようになる、という悪循環に陥《おちい》る危険性が高い。

男性でも、女性でも、魅力的な人間になりたいのであれば、「異性の目にさらされる」ということは必要不可欠である。

面倒くさいという気持ちは少しはあるかもしれないが、それでもやはり異性の目にさらされるような状況に、どんどん自分を投げ込んでいかなければならないであろう。

結婚すると、女性が変わるのはなぜか？

ここがポイント

俗に、「結婚すると女の子は変わる」と言われている。

心理学的に言っても、これは正しい。結婚すると女性は変わるのである。しかも、たいていの場合にはよい方向に変わるようである。

まず、**女性は結婚すると、自信が出てきて強くなる。**たいていの男性が、結婚後、奥さんの尻に敷かれるようになってしまうのはそのためである。結婚前は、何もひとりではできないようなか弱い女の子だったのに、結婚すると、女性は強くなるのだ。

さらに、**女性は結婚すると、社交的になって人当たりもよくなる。**結婚した後で職場復帰した女性が、見違えるような成果を上げるようになったりするが、それも性格が変化するからであろう。

ウェルズリー大学のポール・ウィンクは、1958年時の大学生が、27歳、43歳、52歳になったときに、彼らを追跡調査した。

ウィンクは、大学生だった当時にも性格テストを実施しておいたので、その後の性格がどのように変化していくのかを調べてみたのである。

その結果、女性のほうはというと、大学を卒業し、結婚を契機に性格が変わることが明らかにされた。特に、出産を経験した女性に大きな性格の変化が見られたのである。彼女たちは、堂々として、自信に満ち溢れ、しかも人当たりまでよくなったのだった。

では、男性はどうだったのか。

ウィンクの追跡調査によると、男性のほうはほとんど変わらなかったらしい。結婚しようが、子どもを持って父親になろうが、男性は女性ほど自覚に目覚めないというか、のんびりしているというか、頑固なためにもともとの性格を変えないというか、ともかくあまり変わらないのである。

男性は、結婚したからといって、明るくなったり、「しっかり者」になったりは、残念ながらしないようである。

私は、たとえ結婚指輪をしていなくとも、女性が既婚者かどうかは、けっこう高い確率で見抜くことができるが、それはウィンクの論文を読んで、女性の結婚後の変化について知っているからである。

独身の女性は、仕事に対してあまり自信がないというか、ビクビクしているところがあるのであるが、**結婚している女性は、自分の判断に自信が出てくるのか、とても堂々とした接し方をしてくる**のである。

女性の目を通して、自分の会社の業績を読む方法

社内結婚の比率の高い企業は、今後も業績が伸びる。

職場内で、ポンポンとカップルができていく会社ほど安心できる会社というわけである。したがって、職場結婚率を調べれば、その会社の業績をも予測することができるのだ。

なぜ、職場で結婚する女性が多いほど、安心できる会社なのか。

そもそも結婚するときの女性は、結婚するかどうかの判断を「直感」で行なうからである。相手の能力や経済力、将来性を計算するのはもちろんだが、夫の将来を保証するのは会社の業績。そして、会社の業績がまずまず大丈夫だろうと直感的に判断したら、社内結婚に踏み切るのである。

逆に言うと、「うちの会社はヤバいな」と女性が直感的に思っているときには、

社内結婚をせず、外の男性を求める。

したがって、社内結婚をしない女性が多い会社は、どこか危ないところがあるんじゃないか、と心理学的には判断できるというわけだ。

船が沈没しようとするとき、真っ先にネズミが逃げ出す、という。

人間には感知できないような微妙な信号を直感的にネズミは感じとり、「この船は、危ないぞ」ということで、逃げ出そうとするのだ。

女性もそうで、「うちの会社、危ないんじゃないのかな?」と思うと、男性よりも先に、その会社から逃げ出そうとする。女性には、男性にはない、そういう直感能力が備わっている。そういう女性は、同じ職場の男性となど結婚もしないのである。

倒産する企業から、真っ先に逃げ出すのは、女性。あらかじめ倒産に気づいて、倒産する前に女性はやめていく。

倒産する当日になって、社長から倒産を告げられ、初めて茫然《ぼうぜん》自失するのが男性である。男性は女性に比べると、ものすごく鈍い。

男性のみなさんは、自分の会社の業績を判断するときには、自分の目を信用するのではなくて、女性の目を信用しよう。そのほうが、正しく会社の業績を判断することができるであろう。

よく言われることだが、男性は、分析的で、理屈っぽく、女性は、直感的である。これは、男女の脳の働きに違いがある。男性は、左脳をよく用いるのだが、女性は右脳をよく用いるのであり、右脳の働きは「直感的」なのだ。

ノーベル医学生理学賞を受賞したロジャー・スペリー博士の研究によると、左脳は、言葉を話したり、理屈を考えたり、計算したりという、理性的な行動に役立つ。そして、男性は左脳優位タイプが多いのである。右脳は人間の感情や直感を司《つかさど》っているのであるが、女性には右脳優位タイプが多いのである。

男性が、うんうん唸《うな》りながらしっかりと分析して出した結論に、女性は一瞬でたどりつくことも珍しくない。それは直感能力に優れているからである。

自分で判断できないことは、女性に判断してもらったほうが、うまくいくケースもけっこう多いのである。

第5章

だれも教えてくれなかった女性に好かれるための「ワルの知恵」

ムシャムシャ食べる男ほど、女性からモテる

女性は、自分より食べる人を好む。なぜなら、相手が自分よりたくさん食べてくれれば、自分があまり食べていないようなイメージを与えるだろうと思うからである。

男性はあまり気にならないが、女性は、「大食い」のように思われるのが恥ずかしいのである。できるだけ、食の細そうなイメージを与えたいと思っている。だから、あまり食べない人とは一緒に食事をしたくないのである。

この辺は、女性ならではの心理なので、男性には理解しにくいかもしれない。が、実際に女性にはそういうホンネがあるという。

カナダにあるトロント大学のチュリア・レオンは、女子大生にお願いしてお腹を空かせたままで実験に参加してもらった。

実験というのは、ピザを好きなだけ食べるというシンプルな内容なのであるが、ほかの学生（実際はアシスタント）と一緒に食べるのである。ただし、アシスタントは、あらかじめ言い含められていたのであるが、参加者よりも少なく、あるいはたくさん食べることになっていた。

さて、一緒の食事がすんだところで、「あなたはパートナーにどれくらい好意を感じましたか？」と5点満点で聞いてみたところ、自分よりもたくさん食べてくれる人には平均して４・40という高い得点をつけたのに対して、自分よりも少なく食べる人には３・81の得点しかつけなかったという。

女性は、自分よりも食の細い人に対して、あまりいい印象は持たないのだ。

どんな料理でも、好き嫌いもせずに、ムシャムシャ食べてくれるような人を女性は好む。

食欲が旺盛で、大食漢の男性なら、女性も一緒に食事を楽しんでくれるであろう。なぜなら、自分がそんなに食べていないように感じさせてくれるのであるから。

それにまた、食の細い男性は、どこか弱々しいイメージを与える。

男性として頼りなく、「この人は、本当に私を守ってくれるのかな？」という心配をさせてしまうこともあるであろう。女性は、そういう頼りがいのない男性には、あまり心惹かれないものである。

ここがポイント

女性と一緒に食事をするときには、普段はあまり食べない人も、頑張ってムシャムシャと飲み食いしてみせるとよい。女性に好かれたいのなら、お腹がいっぱいになって、胃がはち切れそうになるくらいは我慢しよう。

サラダだけしか食べないとか、注文した料理にほとんど箸《はし》をつけないようでは、女性に好かれるのは難しいのではないかと思われる。

女性は、男性の「ハゲ」など気にしていない

男性が悩んでいるほど、女性は髪の毛の薄さを気にしていない。

それよりも、髪の薄い人が、髪の毛をムリに反対方向へ流すヘアスタイルのほうがずっと問題である。おかしな髪型をしていたら、そちらのほうが女性は気になる。

髪の毛が薄くなること自体は、基本的に自分ではどうしようもないことである。

もともと背が低い人が、どんなに努力しても背を伸ばすことができないのと同じで、髪が薄くなるのは遺伝の影響も強いし、本人の努力でどうにかできるようなことでもない。

しかも、**女性は、「背の高さ」も「ハゲ」もあまり気にしていない。**

だから、わざわざ悩むような必要もないのである。

東テネシー州立大学のノーマン・ハンキンスは、痩せている人や太っている人、背が高い人と低い人、髪の毛がフサフサな人とハゲている人の男性プロフィールを作って印象を尋ねたが、身長の高さと、髪の毛の多さについては、印象評価に無関係であった。

唯一、印象に影響を与えるのは、肥満かどうかである。

「デブ」については、明らかに嫌われることが明らかにされた。

ところが、「チビ」と「ハゲ」に関しては、決して悪い評価を受けることはなかったのである。

もし太っているのなら、少しはダイエットしたほうがいいかもしれない。

肥満だと、悪い印象を持たれやすいからだ。

けれども、髪が薄いからといって、増毛をしようとしたり、カツラを作ったりするのは、あまり必要がないのではないかと思われる。なぜなら、そういうところは、あまり自分の印象評価に影響しないのだから。

背が小さい人も、背の高さをカムフラージュするようなシークレット・ブーツなどをはく必要はない。なぜなら、背が小さいからといって、それだけで女性に嫌われてしまうようなこともないからである。

ここがポイント

「髪は女性の命」とはいわれるが、男性にとっても、髪は大切な命。

そのため、大半の男性は、髪の毛が薄くなってくると、気分が落ち込んでしまうし、恥ずかしいと思うようになる。

髪の毛が薄くなると、それだけで男性としての魅力がゼロになってしまうような思い込みもあるであろう。

けれども、**みなさんが思っているほどに、髪の毛が薄いことはそんなに印象に影響を与えないので、心配はいらない**のだ。

ブルース・ウィルスにしろ、所ジョージさんにしろ、竹中直人さんにしろ、髪が薄くとも、オシャレでカッコいい人はいくらでもいるのであり、髪の毛だけで男性の魅力が決まってしまうようなこともないので、どうか安心してほしい。

デートに誘うなら、花がたくさんあるような場所にしろ

女性への贈り物の定番といえば、バラの花束。

花に興味がない男性からすれば、「こんなものをもらって、何がうれしいんだ？」と思うであろう。

しかし、女性にとっては、男性から花束をもらえるのは、この上ない幸せな出来事なのである。

男性にとって、花はただの花でしかない。

それ以上の意味などはない。

しかし、**女性にとって、花は「ロマンスの象徴」なのであり、「愛の証」。つまり、花に対するイメージというか、意味合いが、男性とはまったく違う**のである。

不思議なもので、女性は、花がたくさんある場所のほうが、ロマンチックな気分になりやすいことも明らかにされている。

フランスのブルターニュ大学のニコラス・ゲーガンは、男性アシスタントに頼んで、18歳から25歳くらいまでの女性６００人に声をかけ、電話番号を聞き出させるという実験をしたことがある。

ただし、声をかける場所は、「花屋さんの前」「ケーキ屋さんの前」「靴屋さんの前」という３つの場所を設定した。それぞれの場所で、通りかかった２００人ずつの女性に同じ男性が声をかけたのである。

ゲーガンの予想によれば、ロマンスを感じさせる「花屋さんの前」で声をかけたほうが、女性はうっとりして、つい電話番号を教えてしまうであろう、とのことであった。

実際にやってみると、たしかにその通りであった。

花屋さんの前では、24・０％の女性が電話番号を教えてくれたのに、ケーキ屋さんの前では15・５％、靴屋さんの前では11・５％の女性しか電話番号を教えてくれなかった。

女性は、花があると、自分でも知らないうちにロマンチックな気持ちになってしまうらしい。だから、男性に対するハードルが低くなるのだ。

このデータを参考にすれば、**女性をデートに誘うときには、花がたくさんあるような場所が好ましい、**ということになる。

植物園でもいいだろうし、どこかで花に関するフェアが行なわれているのなら、そこでもいい。花が満ち溢れた公園を散策するのもいいであろう。

ここがポイント

男性が思っている以上に、女性は花が好き。

自宅に女性を招くときには、玄関先、テラス、台所などに、たくさん花を飾っておこう。花がたくさん溢れていればいるほど、あなたは確実によい評価を受ける。「うわあ〜、私、○○クンのこと、見直しちゃった！」と口では言わなくとも、絶対にそういう気持ちになるはずである。

なお、**女性と花を見にいくときには、少しでもいいから花に関する本を読んで、知識を仕入れておくとよい。**単純に、「この花、キレイだよね」だけではなく、花の歴史や、気の利いた花言葉などを語ることができれば、もっとカッコいいからである。

若く見えるかどうかで、女性の恋人の有無がわかる

これは女性だけに限らず、男性もそうなのであるが、**年齢に比べて若く見える人は、たいてい恋人がいるか、結婚生活に満足しているかのどちらかである。**

恋人がいて、ウキウキしている人は、たいてい若く見えるのだ。

「この女性は、年齢よりずっと若く見えるなあ」と思うのなら、彼女には恋人がいて素敵な恋愛中であると見て、ほぼ間違いはないであろう。恋人がいない人は、女性でも、男性でも、年齢よりずっと老けて見えるのである。

恋人がいれば、当然、それなりにエッチをするであろうが、エッチをしていると人間は若く見えるようになるのだ。

ロイヤル・エジンバラ病院の神経心理学者デービッド・ウィークスによると、エッチをすると、実際に外見が若返るらしい。最低、週3回エッチをしているカップルは、それ以下の頻度のカップルより、10歳も若く見えるのだという（『すぐ忘れる男決して忘れない女』マリアン・レガト著／朝日新聞出版）。

動物の世界でもそうで、カップルを作らせたネズミやサルの肌はツヤツヤしていて、毛並もとても素晴らしいのだが、ひとりきりで隔離した個体は、肌もカサカサになって、どんどん老けてしまうという。

ここがポイント

自分の好きになった女の子がとても若々しく見えるのであれば、残念ながら、その子にはすでに彼氏がいる可能性が大である。もちろん、アプローチくらいはしてもいいが、玉砕することを覚悟しておこう。

恋人がいる人は、若く見えるようになり、さらにモテるようになる。好循環である。

ところが、恋人がいない人は、どんどん老けて見え、さらにモテなくなっていく。本当にモテたいのは恋人がいない人のほうなのに、皮肉なことに、恋人がいる人のほうがますますモテていく。

「うわあ～、この人、老けてるよなあ」と思うような外見の人は、ほぼ確実に恋人もいないであろうし、寂しい思いをしているとみて、間違いはない。

「若く見えたい」という気持ちは、男女に共通する願いではあるけれども、アンチ・エイジングをするためには、食べ物や生活習慣に気を配るのもいいが、心理学的にいうと、「恋人を作ってしまう」のが、もっとも手っ取り早い方法である。

みなさんの職場には、最近になって、いきなり若々しく見えるようになった人はいないであろうか。もしいるのであれば、その人には恋人ができたか、あるいは浮気をしているか、好きな人ができたか、のどれかであろう。

女性をホメるなら、「外見」でなく「内面」

男性は、基本的に、どんなことをホメられてもうれしい。

顔だちであろうが、頭のよさであろうが、性格であろうが、仕事のやり方であろうが、とにかくほかの人からホメられれば絶対に悪い気はしないはずだ。というより、自分をホメてくれる人を好きになってしまうはずだ。男性は、心理構造がきわめて単純なのである。

ところが、女性はもっと複雑だ。

ホメられればうれしいのは、男性と同じであるが、あまり外見についてはホメてもらいたくないと思っているのだ。

「おっぱいが大きくて魅力的」だとか「お尻がかわいらしい」というエッチを連想させるようなホメ言葉がダメなのは常識的にわかるが、それ以外のことでも、女性は外見についてのホメ言葉をあまり好きではないようなのである。

ケント大学のレイチェル・カロゲロは、２２０名の女子大学生についてアンケートを実施し、外見にかかわるようなコメントは、たとえポジティブなものであっても不満を感じさせる、ということを明らかにしている。**けなしているのではなく、たとえホメられても、外見に関するコメントは、あまりしてほしくない、というのが女性のホンネ**らしい。

男性は、自分がホメられるとうれしいものだから、女性もそうなのだろうと単純に思い込んでいる。

「○○ちゃんの肌って、赤ちゃんみたいでツヤツヤしてるね〜」
「○○ちゃんって、お目めがパッチリで、フランス人形みたいだね〜」

そんな感じのホメ言葉を、無意識にやってしまっている男性も多いのではないかと思われるが、本当は、あまり外見をホメないほうがいいのである。

女性をホメるときには、「内面」にしよう。

ここがポイント

外見をホメても、「こいつ、私のうわべしか興味がないんだな」と思われるだけであるが、内面をホメてあげれば、「こいつ、けっこう私のことをわかってるな」と感心してもらうことができるからである。

「チャラチャラしてるのかと思ったけど、本当は一途《いちず》なんだね」
「クールそうに見えて、すごく家庭的なところがあるんだね」

こんな感じのホメ言葉がいいのではないかと思われる。

特に、相手が美人の場合にはなおさらである。美人に対して、その外見をホメようとすると、「またかよ」と呆《あき》れられるだけだ。

ニューヨーク州立大学のブレンダ・メイジャーによると、美人は特に、自分をホメてきた人を悪く評価する傾向があるらしく、普通の女の子以上に、ホメるときには気をつけなければならないといえる。

キャバクラでモテたいなら、おしゃべりだけを純粋に楽しめ

世の女性の多くは、男性ほどには、エッチを求めていない。「女性の4分の1は、気持ちよくもなく、ただの義務感でセックスをしている」と指摘する心理学者もいる。

女性は男性に比べると、エッチに関しては、ずっと淡白らしい。

最近は、「草食系男子」などという言葉もすっかり市民権を得て、エッチに対して貪欲でない男性が増えていることが指摘されている。

おそらく現代の男性が、女性化しつつあるということであろう。

女性は、昔からあまりエッチを男性ほどには望んでいなかったが、最近では、男性もそれほどエッチを求めなくなってきている。

ということは、女性側からすれば、イヤなエッチに付き合わされることが減った

ということであり、喜ばしいことなのかもしれない。

ちなみに、日本の女性は、外国の女性と比べても、特にエッチを求めていない、というデータがある。

米国イリノイ州にあるブラッドレイ大学のデビッド・シュミットが、52ヶ国、のべ1万6000人以上の男女を調査したことがある。

この調査では、日本も入っているのであるが、世界を10の区分で分析すると、日本が入っている東アジアの人たちが、もっともエッチに関して淡白であった。

「理想として、何人のセックス・パートナーがほしいですか？」

という質問に対し、東アジアの人は、男性が平均1・25人で、女性が0・35人であり、そんなにエッチもしたくないことが浮き彫りにされたのである。

ここがポイント

女性は、エッチのことばかり考えるような下心のある男性を嫌う。

キャバクラでモテる必勝法は、「おしゃべりだけを純粋に楽しむ」ことだ。

キャバクラで働くキャストの女の子たちは、男性客からの下心丸出しの態度に辟《へき》易《えき》している。だから、**かりに下心があっても、そういうものはおくびにも出さずた**

だ女性と楽しくおしゃべりできれば、それで満足、という顔をしているほうが、かえってモテるのである。女性は、エッチはそうでもないが、楽しいおしゃべりは大好きだからだ。

エッチをしたいという男性の気持ちは、私も男性なのでよくわかるのであるが、女性はあまりエッチに対して男性ほどの強烈な欲望は感じていないようである。

相手が嫌がっているのに、ムリヤリ迫ったりすると、さらに女性はエッチに対して拒否感を持つようになってしまうであろうから、あまり強要するのはかわいそうである。

ただし、女性は、エッチは好きではないが、「イチャイチャする」のは大好きである。これについてはつぎに論じよう。

女性は男性に対して、常に「触れ合い」を求めている

ここがポイント

女性の皮膚は、男性に比べると、少なくとも10倍は敏感である。

実験で触覚に一番敏感だった男性と、一番鈍感だった女性を比べると、まだ女性のほうが感度は上だった、という報告もある（『話を聞かない男、地図が読めない女』アラン・ピーズ、バーバラ・ピーズ共著／主婦の友社）。

女性は、身体的な触れ合いに対して敏感であるが、さらに「触れ合いたい」という欲求も男性より高い。つまり、**女性はイチャイチャしたい気持ちが男性より強い**のだ。

若い男の子の心理はちょっと違うようであるが、私のようにある程度の年齢の男性になると、女性と外でイチャイチャすることに抵抗がある。人の目が気になるからだ。ところが、女性は、公共の場であろうがどこであろうが、イチャイチャした

がるという心理がある。

なぜ、女性はイチャイチャしたがるのであろうか。

その原因は、女性ホルモンにある。

女性ホルモンのオキシトシンは、「もっと触れ合いたい」という欲求を引き起こす役目を果たしている。男性の10倍も敏感な女性にとっては、男性や、子ども、同性の女友だちとイチャイチャするのは、自然な行為なのである。

オキシトシンは、別名「抱きしめホルモン」と呼ばれているように、やさしくなでられたり、抱きしめられたりすると、分泌される。

女性は、触れ合いや絆《きずな》の感覚を増大させたいために、赤ちゃんや男性を抱きしめるのである。そうすることによって、愛情も高まるのだ。

そういう女性の心理を踏まえれば、**イチャイチャするほど仲がよくなる**ということが予想されるし、実際、その通りになる。

年配の男性などは、電車やバス、飲食店の中などでイチャイチャしているカップルを見ると、ついつい眉をひそめてしまうものであるが、本当は、どんどん触れ合ってあげたほうがお互いの関係はますます円満になっていくであろう。

「まったく、最近の若いもんは……」と文句のひとつも言いたくなる男性の気持ちは、私もよくわかる。

けれども、外国では、かなりご年配の夫婦でも、ところかまわずイチャイチャしているのが当たり前であることを考えよう。そして、イチャイチャしていたほうが、女性は満足してくれるということも考えよう。

もちろん、日本の文化的な背景を考えれば、公共の場において、あまりにイチャイチャするのは慎んだほうがいいかもしれない。

しかし、**自分の部屋でテレビやＤＶＤを見ながら、イチャイチャすることは、もっとやったほうがいい。**それこそ、今の2倍も、3倍もイチャイチャするようにすれば、女性はみなさんとの付き合いに大いに満足してくれるはずだからだ。

必要がなくとも、何度も「確認」ができる男性がモテる

男同士でなら、「いついつに、どこそこで食事でもしよう」と約束すれば、当日のその時間になるまで、もう連絡は必要がない。なぜなら、すでに約束したことなのであるから。

ところが、女性と約束するときには、これではダメなのである。

女性は、男性に比べて、一般的に不安度が高い。

だから、相手が男性なら必要がなくとも、不安を払しょくしてあげるような「確認」が必ず必要になってくる。

「明後日の食事、大丈夫？」

「明日の件なんだけど、変更ない？」

「念のための確認なんだけど、○時に、どこそこのお店だからね」

ここがポイント

こんな感じで、**くどいと思われるほどに確認、再確認、再々確認するくらいの男性のほうが確実にモテる。**

女性は、何度も確認してもらったほうが安心感が得られるのだ。ところが、男性はこれをあまりしない。

カリフォルニア州立大学のロバート・ワイスカーシュは、彼氏のいる女子大学生を対象にして、不安が高い女性ほど、よりたくさんのメールや電話を彼氏に求める傾向があることを、携帯電話の履歴記録を調べて突き止めている。

不安を感じやすい女性は、メールであれ、電話であれ、とにかくたくさん連絡をしてもらいたいのである。

そういう女性の心理を踏まえれば、**「一回、連絡したんだから、もう大丈夫だろう」と安心してはいけない、**ということがわかるであろう。

私も、仕事柄、いろいろな女性とお仕事をさせてもらっているが、相手が男性の場合には、たいていメールのやりとりは一回だけですむ。「○月○日の何時に、どこそこ」と決めてしまえば、こちらからはもう何の連絡もしない。それで何の問題もない。

ところが、打ち合わせをする相手が女性だったりすると、前日くらいには、必ずリマインドのメールを送るようにしている。

相手が不安を感じているだろうと思うからだ。それにまた、そういう気配りをしてあげたほうが、仕事もうまくいく。

女性にモテる極意は、「マメさ」であるとは、よく言われることである。

マメな男性は、女性に何度も確認をする。だから、女性も安心してお付き合いできる。

ところが、面倒くさがりな男性は、そういう確認をしない。だから、女性もたえず不安を感じさせられることになり、その結果、そういう男性からは次第に心が離れていくのである。

「もう連絡はいらないかな」と思っても、それでも念のために、何度も連絡をするのが正しい。

同じ男性なら、「くどい」とか「しつこい」と思われるかもしれないが、女性はそうではなくて、むしろ「自分を大切にしてもらっている」と素直に喜んで、感謝してくれるであろう。

だから、いくら連絡しても、ムダにはならないのである。

ファザコンの女の子は、実は家庭的で献身的

もし家庭的な女の子とお付き合いしたいのであれば、次のような質問をぶつけてみよう。「キミは、お父さんのこと好き？」と。あるいは、「お父さんのことを、尊敬してる？」と。

ここがポイント

自分の父親をホメるのは、だれでも照れてしまうと思うのだが、それでも肯定的な返事がかえってくるようであれば、その子はとても家庭的で、献身的な女の子だと見て間違いはない。

「親父のことなんて、好きじゃないな」
「うちの父親なんて、ちっともカッコよくない」

という答えが返ってくるようなら、あまり家庭的な女の子ではないと判断できる。ボストン大学大学院のクリフト・ジョーガクリスは、約１００名の女性への聞き取り調査を行なって、父親のことを魅力的だと感じている女の子ほど、献身的な性格であることを突き止めている。そして、そういう子のほうが恋愛もうまくいく。

だいたい「父親が嫌い」という女の子は、〝男性全員〟に対しても、嫌悪感を抱いていることが少なくない。

血のつながった父親でさえ愛せないのに、血のつながらない他人の男性など、さらに愛するのが難しいのは、当然と言えば当然だ。

父親を尊敬し魅力的だと思っている女の子は、男性を愛することに抵抗がない。そういう子は、父親と同じ性別であるほかの男性も同じように愛することができる。だから、恋愛はうまくいくのである。

父親を嫌っている女性は、男性一般に対して、不信感、嫌悪感、憎悪、といった心の葛藤を持っていることが少なくない。したがって、父親をどれくらい嫌いなのかの度合いにもよるのであるが、恋愛をすることに困難を感じている。

ちなみに、ジョーガクリスの研究によると、お父さんが家の大黒柱として、しっかりしている家庭で育った女の子ほど、やはり家庭的で献身的な子が多いという。少しくらい厳しい家庭で育った女の子のほうが、家庭的な性格になるようだ。

父親がだらしなく、父親がいてもいなくとも関係がないような家庭で育った女の子は、父親を尊敬できるわけがなく、「男なんて、情けない生き物」くらいの偏見が強化されてしまう。

最近では、どの家庭も父親の権威が見事に失墜しているから、そういう家庭で育った女の子は、男性をどのような目で見るのであろう。「情けないヤツだから、私が面倒を見てやるか」とでも思ってくれればいいのだが、単純に嫌悪するだけであれば、困ったものである。

文句ばかり言う女の子とは少し距離をとって付き合え

暑いとか寒いとか、仕事がイヤだとか、最近のテレビはみんなつまらないとか、とにかく愚痴っぽい女の子がいるとしよう。

いつでも不満ばかりを口にするような女の子が、性格的にも「不満屋」であることはすぐに見抜けるが、こういう女の子はまた、「結婚もうまくいかないだろうな」ということが予想できる。

結婚すれば、自分の思い通りにならないことは、いくらでもある。

結婚している人ならだれでもわかると思うのだが、結婚をうまくやる秘訣は我慢と忍耐なのだ。

ここがポイント

ところが、**不満ばかりを口にする女性は、そもそもの耐性が低い。そのため、結婚してもうまくいかない可能性が高い**のである。

ハーバード大学のアヴシャロム・カスピは、長期的な追跡調査を行なって、どういう人ほど離婚するのかを調べてみた。その結果、不満屋の気質のある女性の25％近くが、40歳までに離婚を経験していることが明らかになった。

不満を感じにくく、温和な性格の女性では、40歳までに離婚している割合は12％であったから、不満屋ですぐに不機嫌になってしまうような女性は、そうでない女性に比べて2倍以上も離婚しやすい危険があるといえよう。

蛇足ながら、カスピの研究では、離婚しやすい男性に共通する特徴についても調べられているのだが、それは「怒りっぽさ」であった。怒りっぽい男性の50％近くが、40歳までに離婚していたのである。

結婚に向き・不向きのようなものがあるとしたら、不満屋の女性は、不向きであると言えるかもしれない。

「○○って、嫌い」
「○○ってイヤだ」

「○○だけは耐えられないのよね」

そんな感じのことばかりを口癖のように言う女の子は、おそらく結婚をしても、すぐに破局を迎えることになるであろう。いや、結婚をする以前に、お付き合いの段階でも、男性をうんざりさせ、別れてしまう可能性が高いように思われる。

心のやさしい女性は、ネガティブなことを口に出さない。

「雨が降ると、なんとなくイヤな気持ちなるよね」とこちらが話しかけても、「そうですか？　私は、雨も嫌いじゃないですよ」と言ってくれる。

みんなが夏場の暑い時期にうんざりしていて愚痴っぽくなっていても、「こんな日だからこそ、仕事終わりのビールがおいしいんですよ！」と周囲を元気づけるような言葉を口にする。

そういう女の子のほうが、付き合いやすいし、結婚してもうまくいく。

しばらく女性としゃべっていれば、その子が、ネガティブなことをどれくらい口にするかは簡単に判断できるであろうから、**悪口、愚痴、不満、文句ばかりを口にするようなら、ちょっと距離をとったほうがいい**かもしれない。

男女間での「友情」が成立しにくいのはなぜか？

「男性と女性との間で、友情は成り立つのか？」

とても難しい問題である。

いろいろな考え方はあるであろうが、私は、「成立しない」と思う。

なぜ成立しないのかというと、**女性のほうは、「ただのお友だち」でいられても、男性のほうは、早晩、女性のことを好きになってしまうから**だ。

男性は、女性に比べて、はるかに惚《ほ》れっぽい。

だから、「友だちでいつづける」ことは、男性にとってはとても難しいのである。

最初は友だちでいいということで一緒に遊び始めても、そのうち、その子を好きになってしまい、友だちではなく、恋人にしたいと思ってしまうのが普通だ。

だから、私は、男女の間に友情は成立しないのではないか、と思っている。

もちろん、お互いに恋愛感情を抜きで、友だち付き合いができる男女も多いのであろう。しかし、割合的にいえば、女友だちに恋心を抱いてしまう男性のほうが、圧倒的に多いのではないだろうか。

友だちでありつづけることは、女性にとってはラクなことなのだが、男性にとってはムリである。女性と一緒にいたら、男性は、彼女のことをどうしてもロマンチックな目で見てしまう。「スキあらば、エッチしたい」と思うのが、男性の自然な心理である。これでは、友情など、成立するわけがない。

ウィスコンシン大学のエイプリル・ブレスク－レチェックは、男女での友情が本当に成り立つのかどうかを調べてみたことがある。

その結果、男性は、「女友だちのことを魅力的だと感じるか？」という質問に対して「イエス」と答える割合が女性の回答よりもはるかに高く、「女友だちとデートしたいと思う」という質問にも、「イエス」と答えていた。

ここがポイント

女性は、恋愛感情を抜きにして、男性と一緒に行動できる。

そんなに苦痛を感じたりもしない。

ところが、男性は、女性と一緒にいると、どうしても恋愛感情を持ってしまう。

そのため、男性側にとっては、女性との友情を維持しようとするのはきわめて精神的な負担が大きい。自分の気持ちを「我慢」しなければ、友情を維持できないのである。

よほどその女性に興味がないか、あるいは自分の好きなタイプとは正反対であるとか、そういうケースであれば、男性も彼女を好きになることはないので、男女の友情が成り立つのかもしれない。

しかし、あまり興味がない相手とは、そもそも友だちになろう、という気持ちにもならないのではないかと思われるし、自分の好きなタイプでなくとも、一緒に行動していれば、それでもやっぱり大半の男性は、彼女のことを好きになってしまうような気がする。

その意味で、私は男女の友情は成立しないように思うのだが、いかがだろうか。

マニュアルが苦手な女の子を、逆手にとって好かれるテクニック

女の子の大半は、学力に関しては実はそれほど自信を持っていない。優秀な大学を卒業した女性でさえ、そうである。

なぜ、女性は自分の学力や知能にいまいち自信が持てないのか。

その理由は、親や先生の影響である。

親や両親は、男の子に対しては、女の子よりもずっと高い期待を持つ。「あなたはきっと伸びる」「お前は、できる」と男の子は、小さな頃からずっと親や先生から期待され、励まされる。

そのうち、単純な男性は、「そんなものか」とそれを信じ込んで、自分は頭がいいという自信を持つようになる。

ところが、女の子の場合、いくらテストでいい点数をとっても、なぜか親も先生

もあまり大きな期待をかけてくれない。「あなたは将来、ノーベル賞をとれるよ！」などと女の子に言ってくれる親や先生は、あまりいないのである。

私たちは、周囲の人から期待される通りの人間になっていく。

だから、女性はいまいち自分の学力に自信を持てなくなるのである。

ドイツにあるハイデルベルク大学のリカルド・ステインマイヤーは、高校生の男女４９６名に自分の知能を推定させた。また、その両親にも子どもの知能を推定させてみた。

すると、おもしろい結果が得られた。

男の子に対しては、両親ともに、「うちの子は頭がいい」と思い込んでいて、親がそう思い込めば思い込むほど、子どもも自分の知能を高く推定したのである。

ところが、女の子に対しては、両親もあまり高い知能を推定せず、女の子自身も知能を低く見積もったのである。

結局、男性が自分の頭のよさに自信を持てるのは、親や先生からの期待のおかげ。

男の子は、小さな頃にはとんでもない悪ガキであっても、親は期待をかけてくれる。「この子は、将来、大物になるぞ！」と。根拠がなくとも、親はそう信じ込んでくれるのである。そのぶん、**男性のほうが女性よりも優遇されている**と言える。

女性は、家電製品の取り付けであるとか、新しいソフトの操作方法であるとか、そういうものが苦手だ。マニュアルを読めば、だれでも理解できるようなことしか書かれていないのに、「どうせ私は……」と思い込んでいる女性は、そのマニュアルすらなかなか理解できない。

人間の思い込みはとても強固であり、特に小さな頃に植えつけられた思い込みは、大人になってもなかなか消えるものではない。

したがって、**家電製品の取り付けなどに関しては、「マニュアルを読めば、すぐにわかるよ」と言うのではなくて、「週末にでも、代わりに僕がやってあげてもいいけど……」と申し出てあげると、女性には喜ばれるであろう。**

ここがポイント

自動車を運転するだけであなたの株を上げる簡単な方法

女性は、学力に関して自分の能力を低く見積もる傾向があるのだが、そのほかにも、自分の能力をなぜか低く見積もることがある。

それは、自動車の運転。

男性の多くは、「俺は、自動車の運転がうまい」と思い込んでいるのに対して、女性はなかなかそう思えないようである。

カナダにあるヨーク大学のマイケル・ラストマンは、運転免許証を持っている男女に、「あなたの運転能力は?」と尋ねてみた。

すると、男性の73%は、自分は高い運転能力を有していると答えたのに対して、女性では49%だけが運転能力があると見積もっていた。

男性は、小さな頃から、自動車やバイクに親しんでいるし、自動車のおもちゃで遊んだという経験のある人も多い。したがって、自動車の操作にも自信が持てるのであろう。

女性は、男性と違って、ロボットや自動車のような機械類をおもちゃにして遊んだ、という経験があまりない。それゆえ、男性のように自信が持てないのではないかと思われる。

自分の運転技術に自信がない女性は、自動車に乗るときに、男性以上に緊張しているのではないかと思われる。

したがって、**運転をする女性には、「事故を起こさないようにね」とか「ゆっくり運転してね」といった言葉をかけてあげれば、喜ばれるであろう。**

運転に自信がある男性に向かって、「事故を起こさないでね」などと言えば、「俺は、運転がうまいんだよ！　失礼だな！」とかえって憤慨させてしまうかもしれないが、女性なら素直に受け入れてくれる。

もともと女性は、運転に対して苦手意識があるのであるから、もし読者のみなさんが運転免許証を持っているのなら、彼女の代わりに運転してあげるといい。縦列駐車や車庫入れなどを一発でうまくやってみせれば、女性がみなさんを見る目が変わるのではないかと思われる。

女性は、自動車の運転のうまい男性が好きだ。

人間は、自分にはできないことができる人のことは、素直に、カッコいいとか、尊敬の気持ちを持つものであり、自動車の運転に苦手意識のある女性は、運転の得意な男性には好意を感じるであろう。

ここがポイント

つまり、**女性に自分の運転を見せることは、自分の株を上げることにもつながるのだ。**もし女性と自動車に同乗する機会があれば、率先して運転を代ってあげ、自分の株を上げるのもよいであろう。

COLUMN

女性は、みな明確な「別れのルール」を持っている

女性は、どうすれば付き合っている男性と別れるのかの「明確なルール」を持っている。たとえば、「浮気したら別れる」とか、「愛情がなくなったら別れる」とか、「仕事をやめたら別れる」とか、「相性が悪いことがわかった瞬間に別れる」といったように、である。

ところが、男性はそうしたルールを持っていない。

米国ルイス&クラーク大学のレスリー・バクスターは、157名の男女に、「あなたがこれまで付き合っていた恋人と別れた理由は何ですか?」と尋ねてみた。すると、女性はきちんとした理由をいくつもあげたのだが、男性はうまく答えられなかった。男性は、「なんとなく」という曖昧《あいまい》な返事しかできなかったのである。

女性は、それまでどんなに好きだった相手でも、いっぺんで嫌いになってしまう

「明確なルール」を持っている。その意味では、とても怖い存在だ。

たとえば、浮気。

男性は、なんとなく浮気をしても、かりに浮気がバレても、なんとなくそのまま恋人や夫婦でいつづけられるような甘い考えを持っているが、そうは問屋が卸さない。

「浮気したら、すぐに別れてやる！」という女性は、男性が思っている以上に多い。

カリフォルニア州立大学のクリスティン・ハリスは、平均38・5歳の男性と、平均36・4歳の女性に、「あなたは、パートナーが浮気したら別れるか？」と質問してみた。

すると、男性では43％だけがはっきりと「別れる」と答えたのに対して、女性では驚くべきことに94％が、「別れる」と答えたのである。

ほぼ100％の女性が、「浮気したら、別れるからね」という明確なルールを持っているということになる。気軽に浮気などをしたら、恋人はすぐにあなたから離れていってしまうことを覚悟しなければならない。

熟年離婚では、たいてい別れを切り出してくるのは妻の側であるという。

「子供が成長したら別れる」とか「夫が定年したら、退職金をもらって別れる」という明確なルールが、おそらくは何年も、いや何十年も前からあったのであろう。

彼女たちは、粛々《しゅくしゅく》とそのルールを実行しているだけなのであろう。

離婚を切り出される夫からすれば、寝耳に水の話をされて面食らってしまうだろうが、女性には、明確な別れのルールがあるのである。「なんとなく離婚」というわけではなく、決意は固いのだ。

女性がどんな別れのルールを持っているのかは、人による。

だから、自分がお付き合いしている女性が、どんなルールを持っているのかを、関係が良好なうちにきちんと教えてもらっておくとよい。そうすれば、寝耳に水の話を切り出されて、動揺したり、混乱したりすることがなくなる。

おわりに

本書では、女性との交際術のノウハウをご紹介してきた。

女性との付き合い方、接し方で悩む男性は多いが、本書をきちんと読んでいただければ、女心についての理解が高まったであろうし、女性が何を考えているのかを見抜くことができるようになったであろう。

また、女性についての知識があれば、楽しい会話ができるようになるであろうし、職場の女性にはモテるようになるであろうし、恋人も作れるようになるであろう。

女性との交際は、技術。

技術であるということは、自転車の運転を覚えたり、ピアノが弾けるようになるのと同じで、だれでも基本的には身につけることができる。

もし、みなさんがこれまでうまく女性と接することができなかったとしたら、そのやり方がわからなかっただけなのであり、生まれつき女性との付き合いの才能がないとか、能力がないということではない。単なる知識と練習の不足である。

本書をお読みいただいたみなさんは、すでに十分な知識を得たであろうから、あとは日常の生活の中で、どんどん実践していただければ幸いだ。

そんなに身構えなくともよいので、気軽なお付き合いの中で、それぞれの技術を高めてほしい。

ちなみに私についていえば、女性との付き合いで困った、という経験があまりない。それというのも、幸いなことに私には姉と妹がいたので、小さな頃から家庭の中で、「女性の扱い方」のようなものを自然と身につけることができたからである。

私は、小学生くらいまでは姉や姉の女友だちと一緒によく遊んでもらったので(近所の子どもには女の子が多かった)、自分でも知らないうちに、女性との接し方がうまくなった、というのもある。

どんな技術もそうであろうと思うのだが、なかなか一朝一夕には身につけるのは難しいかもしれない。けれども、すぐに諦めるのではなく、少しずつ女性との交際術を磨いてほしい。世の中の半分は女性なのだから、女性に対して苦手意識のようなものがあるのなら、さっさと解消したほうが、みなさんも人生で苦労をしなくなるのではないかと思う。

さて、本書の執筆にあたっては廣済堂出版編集部の伊藤岳人さんにお世話になった。この場を借りてお礼を申し上げたい。

最後になってしまったが、読者のみなさまにもお礼を申し上げる。本当にありがとうございました。また、どこかでお会いしましょう。

内藤誼人

参考文献

Adams, G. R., & Reed, D. 1983 Personality and social influence styles of attractive and unattractive college women. Journal of Psychology ,114, 151-157.

Arkowitz, H., Lichtenstein, E., McGovern, K., & Hines, P. 1975 The behavioral assessment of social competence in males. Behavior Therapy ,6, 3-13.

Astrom, J. 1994 Introductory greeting behavior: A laboratory investigation of approaching and closing salutation phases. Perceptual and Motor Skills ,79, 863-897.

Baxter, L. A. 1981 Gender differences in the hetero-sexual relationship rules embedded in break-up accounts. Journal of Social and Personal Relationships ,3,

Bleske-Rechek, A., Somers, E., Micke, C., Erickson, L., Matteson, L., Stocco, C., Schumacher, B., & Ritchie, L. 2012 Benefit or burden? Attraction in cross-sex friendship. Journal of Social Personal Relationships ,29, 569-596.

Brundage, L. E., Derlega, V. J., & Cash, T. F. 1977 The effect of physical attractiveness and need for approval on self-disclosure. Personality and Social Psychology Bulletin ,3, 63-66.

Calogero, R. M., Herbozo, S., & Thompson, J. K. 2009 Complimentary weightism: The potential costs of appearance-related commentary for women's self-objectification. Psychology of Women Quarterly ,33, 120-132.

Cash, T. F., Dawson, K., Davis, P., Bowen, M., & Galumbeck, C. 1989 Effects of cosmetics use on the physical attractiveness and body image of American college women. Journal of Social Psychology ,129, 349-355.

Caspi, A., Elder, G. H.Jr., & Bem, D. J. 1987 Moving against the world:Life-course patterns of explosive children. Developmental Psychology ,23, 308-313.

Cole, P. M. 1986 Children's spontaneous control of facial expression. Child Development ,57, 1309-1321.

Collins, S.A. 2000 Men's voices and women's choices. Animal Behaviour, 60, 773-780.

Clark, J. V., & Arkowitz, H. 1975 Social anxiety and self-evaluation of interpersonal performance. Psychological Reports ,36, 211-221.

Dabbs, J. M. Jr., & Strokes, N. A.Ⅲ 1975 Beauty is power: The use of space on the sidewalk. Sociometry ,38, 551-557.

Dillon, K. M. 1988 Narcissism and embellishments of signature. Psychological Reports ,62, 152-154.

Dumont, M., Sarlet, M., & Dardenne, B. 2010 Be too kind to a woman, she'll feel incompetent: Benevolent sexism shifts self-construal and autobiographical memories toward incompetence. Sex Roles ,62, 545-553.

Dyke, L. S., & Murphy, S. A. 2006 How we define success: A qualitative study of what matters most to women and men. Sex Roles ,55, 357-371.
Eastwick, P. W., & Finkel, E. J. 2008 Sex differences in mate preferences revisited: Do people know what they initially desire in a romantic partner? Journal of Personality and Social Psychology ,94, 245-264.
Farris, M. R. 2000 Smiling of male and female infants to mother vs stranger at 2 and 3 months of age. Psychological Reports ,87, 723-728.
Fischer, A. H., Eagly, A. H., & Oosterwijk, S. 2013 The meaning of tears: Which sex seems emotional depends on the social context. European Journal of Social Psychology ,43, 505-515.
Furnham, A., Chan, P. S., & Wilson, E. 2013 What to wear? The influence of attire on the perceived professionalism of dentists and lawyers. Journal of Applied Social Psychology ,43, 1838-1850.
Furnham, A., & Schofield, S. 1987 Accepting personality test feedback: A review of the Barnum effect. Current Psychological Research ,6, 162-178.
Gardner, R. M., & Morrell, J. A.Jr. 1991 Body-size judgments and eye movements associated with looking at body regions in obese and normal weight subjects. Perceptual and Motor Skills ,73, 675-682.
Georgaklis, C. C. 1987 Relationship between parental views and romantic happiness in college women. Psychological Reports, 61, 75-78.
Gueguen, N. 2012 "Say it...hear the flower shop" : Further evidence of the effect of flowers on mating. Journal of Social Psychology ,152, 529-532.
Gibbs, J. L., Ellison, N. B., & Heino, R. D. 2006 Self-presentation in online personals: The role of anticipated future interaction, self-disclosure, and perceived success in internet dating. Communication Research ,33, 152-177.
Gilovich, T., Medvec, V. H., & Savitsky, K. 2000 The spotlight effect in social judgment: An egocentric bias in estimates of the salience of one's own actions and appearance. Journal of Personality and Social Psychology ,78, 211-222.
Goldberg, S., & Rosenthal, R. 1986 Self-touching behavior in the job interview: Antecedents and consequences. Journal of Nonverbal Behavior ,10,65-80.
Grammer, K. 1992 Variations on a theme: Age dependent mate selection in humans. Behavioral and Brain Sciences ,15, 100-103.
Guadagno, R. E., & Cialdini, R. B. 2007 Gender differences in impression management in organizations: A qualitative review. Sex Roles ,56, 483-494.
Hankins, N. E., Mckinnie, W. T., & Bailey, R. C. 1979 Effects of height, physique, and cranial hair on job-related attributes. Psychological Reports ,45, 853-854.

Harris, C. R. 2002 Sexual and romantic jealousy in heterosexual and homosexual adults. Psychological Science ,13, 7-12.
Iseri, E., Gurhan, N., Ozbas, A. A., & Sari, B. A. 2012 Preferences for sex of firstborn child among primiparous Turkish Women. Psychological Reports ,111, 165-172.
Karniol, R. 2011 The color of children's gender stereotypes. Sex Roles ,65, 119-132.
Kidd, A. H., & Kidd, R. M. 1990 Social and environmental influences on children's attitudes toward pets. Psychological Reports ,67, 807-818.
Leone, T., Herman, C. P., & Pliner, P. 2008 Perceptions of undereaters: A matter of perspective? Personality and Social Psychology Bulletin ,34, 1737-1746.
Levin, J., & Arluke, A. 1985 An exploratory analysis of sex differences in gossip. Sex Roles ,12, 281-286.
Lustman, M., Wiesenthal, D. L., & Flett, G. L. 2010 Narcissism and aggressive driving: Is an inflated view of the self a road hazard? Journal of Applied Social Psychology ,40, 1423-1449.
Major, B., Carrington, P. I., & Carnevale, P. J. D. 1984 Physical attractiveness and self-esteem: Attributions for praise from an other sex evaluator. Personality and Social Psychology Bulletin ,10, 43-50.
Meltzer, A. L, McNulty, J. K., Jackson, G. L., & Karney, B. R. 2014 Sex differences in the implications of partner physical attractiveness for the trajectory of marital satisfaction. Journal of Personality and Social Psychology, 106, 418-428.
Muehlenhard, C. L., & Hollabaugh, L. C. 1988 Do women sometimes say no when they mean yes? The prevalence and correlates of women's token resistance to sex. Journal of Personality and Social Psychology ,54, 872-879.
Paradise, L. V., Cohl, B., & Zwig, J. 1980 Effects of profane language and physical attractiveness on perceptions of counselor behavior. Journal of Counseling Psychology ,27, 620-624.
Schmitt, D. P. 2003 Universal sex differences in the desire for sexual variety: Tests from 52 nations, 6 countries, and 13 islands. Journal of Personality and Social Psychology ,85, 85-104.
Siggelkow, N. 2007 Persuasion with case studies. Academy of Management Journal ,50, 20-24.
Simon, W. E. 1971 Number and color responses of some college students: Preliminary evidence for a "Blue Seven phenomenon". Perceptual and Motor

Skills ,33, 373-374.
Spencer, B., Barrett, C., Storti, G., & Cole, M. 2013 "Only girls who want fat legs take the elevator" : Body image in single-sex and mixed-sex colleges. Sex Roles ,69, 469-479.
Stead, B. A., & Zinkhan, G. M. 1986 Service priority in department stores: The effects of customer gender and dress. Sex Roles ,15, 601-611.
Steinmayr, R., & Spinath, B. 2009 What explains boys' stronger confidence in their intelligence? Sex Roles ,61, 736-749.
Thornton, L. J. 2013 "Time of the month" on twitter: Taboo, stereotype and bonding in a No-Holds-Barred public arena. Sex Roles, 68, 41-54.
Waddell-Kral, L., & Thomas, C. D. 1990 Body attitudes and eating behaviors of female clothing sales personnel. Psychological Reports ,67, 451-456.
Walfisch, T., Dijk, D. V., & Kark, R. 2013 Do you really expect me to apologize? The impact of status and gender on the effectiveness of an apology in the workplace. Journal of Applied Social Psychology ,43, 1446-1458.
Walton, M. D., Harris, A. R., & Davidson, A. J. 2009 "It makes me a man from the beating I took" : Gender and aggression in children's narratives about conflict. Sex Roles ,61, 383-398.
Weisskirch, R. S. 2012 Women's adult romantic attachment style and communication by cell phone with romantic partners. Psychological Reports , 111, 281-288.
Wink, P., & Helson, R. 1993 Personality change in Women and their partners. Journal of Personality and Social Psychology ,65, 597-605.

すごい！モテ方

悪用厳禁！ 女のホンネまるわかりの心理法則

2016年2月29日 第1版第1刷

著 者 内藤誼人

発行者 後藤高志

発行所 株式会社廣済堂出版

〒104-0061 東京都中央区銀座3-7-6

電話 03-6703-0964［編集］ 03-6703-0962［販売］

FAX 03-6703-0963［販売］

振替 00180-0-164137

http://www.kosaido-pub.co.jp

印刷・製本 株式会社廣済堂

装幀 井上新八

本文DTP 株式会社明昌堂

ISBN978-4-331-52003-1 C0095